인지 의미론적 언어사용의 보편성

인지 의미론적 언어사용의 보편성

오 예 옥

역락

지은이의 말

이 세상에는 4,000개 이상 또는 6,000개 정도의 언어가 있다고 말한다. 그 정도로 이 세상에는 상상을 초월할 정도로 언어가 많다는 것이다. 과연 이 많은 언어들에서 동일한 언어구조들이 사용될까? 만약 그렇다면, 이는 인간의 언어사용에 보편성이 있다고 주장할 만한 중요한 근거가 될 것이다. 그러나 그 많은 언어에서 동일하게 사용되는 언어구조들을 찾아내는 것이 과연 가능할 것인가?

Kövecses(2003 : 293)는 인지 의미론적인 측면에서 동일한 개념적 은유들이 상이한 유형의 언어들에서 사용된다면, 이 개념적 은유들을 보편적인 것으로 가정할 수 있다는 견해를 제시한다. 즉, Kövecses(2003 : 294ff.)는 영어에 나타나는 몇 개의 개념적 은유들을 선택해서, 그 개념적 은유들이 상이한 유형의 언어, 예를 들면 헝가리어, 일본어, 중국어, 줄루어 그리고 폴란드어에서도 사용되는지 살펴본다. 만약에 이 언어들에서 영어에서 사용되는 동일한 임의의 개념적 은유들이 사용된다면, 이를 통해 개념적 은유의 보편성에 관한 입증이 가능하다는 것이다. 필자는 이러한 Kövecses(2003)의 견해를 개념적 은유뿐만 아니라 개념적 환유로까지 확장하여, 한국어와 독일어의 다양한 언어표현들에서 동일하게 사용되는 환유적 개념구조와 은유적 개념구조들을 찾아내서, 이를 통해 인지 의미론적 언어사용의 보편성을 설명하고자

한다.

한국어와 독일어는 완전히 상이한 유형의 언어이고, 두 언어를 모국어로 사용하는 한국인과 독일인들 또한 아무리 현대사회가 글로벌화되어가고 있다 하더라도, 완전히 상이한 그들만의 고유한 문화적 배경 속에서 살고 있다. 이러한 두 언어에서 그것도 아주 다양한 언어표현들에서 임의의 개념구조들이 동일하게 사용된다면, 이는 Kövecses (2003)가 주장하듯 인간의 인지 의미론적 언어사용의 보편성을 보여주는 언어현상으로 간주될 것이다.

이 책에서 필자는 그동안 발표한 일부 논문들을 한국인과 독일인들의 인지 의미론적인 언어사용의 보편성을 규명하는 측면에서 재구성한다. 이를 위해 Lakoff(1987)의 이상적 인지모형, 즉 "Idealized Cognitive Models", 즉 ICM들을 도입한다. 그리고 이 ICM들에서 도출되는 환유적 개념구조들과 은유적 개념구조들에 의거하여 한국인과 독일인들이 표출하는 *얼굴/Gesicht, 눈/Augen, 손/Hand, 피/Blut, 빨강/rot*의 환유의미와 은유의미를 규명한다. 그리고 이를 통해 인지 의미론적 언어사용의 보편성을 설명한다.

몸은 인간의 인지 의미론적 언어사용의 매개체로서 보편적으로 사용되며 그 비중도 아주 크다. 사람들은 몸(body)으로 마음(mind) 상태를 표현한다. 그러나 독일인들보다는 한국인들이 더 많이 몸을 환유 및 은유의 매개체로 사용하는 것 같다. 이로 인해 한국인과 독일인들의 언어사용에서 일부 상이함도 나타난다. 서로 다른 문화적인 배경 때문에도 한국인과 독일인들의 언어사용에 상이함이 나타난다. 그러나 이는 미미할 정도다.

이 글의 구성은 다음과 같다. 1장에서는 한국인과 독일인들의 인지의미론적 언어사용의 보편성을 설명하기 위해 이상적 인지모형 ICM을 제시하고, 이 ICM을 근거로 환유개념과 은유개념을 설명한다. 인지의미론에서 인간의 세상경험은 언어의 의미규명에 핵심 요인이다. 관용어는 인간의 인지적 사고가 잘 반영되는 언어표현으로서 세상경험이 어떻게 언어표현에 반영되는가를 보여주는 중요한 언어자료다. 2장에서는 바로 이 점, 즉 관용어가 왜 형식의미론에서는 무의미한 언어표현으로 간주되고, 인지의미론에서는 중요한 언어표현으로 간주되는지에 관해 언급한다. 3장에서는 한국인과 독일인들의 환유적 언어사용을 설명하기 위해 1.2.에서 언급한 환유개념을 근간으로 부분개념과 전체개념 간의 환유관계를 나타내는 ICM과 부분개념과 부분개념 간의 환유관계를 나타내는 ICM을 제시한다. 그리고 이 ICM들에서 도출되는 환유적 개념구조들에 의거하여 *얼굴/Gesicht*, *눈/Auge(n)*, *손/Hand/Hände*, *피/Blut* 그리고 색깔명 *빨강/rot*로 표출되는 환유의미들을 설명한다. 특히 *얼굴/Gesicht*가 시각기관인 눈으로 환유될 때에는 *얼굴/Gesicht*의 의미를 환유와 은유의 혼용을 통해 설명한다. 4장에서는 한국인과 독일인들의 은유적 언어사용을 설명하기 위해 1.3.에서 언급한 은유개념을 근간으로 하는 은유관계 ICM을 제시한다. 그리고 이 ICM에서 도출되는 다양한 은유적 개념구조들에 의거하여 *눈/Auge(n)*, *피/Blut*, *빨강/rot*로 표출되는 은유의미들을 설명한다. 아울러 환유와 은유의 혼용을 통해서도 *손/Hand/Hände*의 의미를 설명한다.

이번에도 필자는 예외 없이 독어학자로서 역량에 부족함을 절실히

느꼈다. 특히 독일어 관용어 자료와 이에 따른 언어직관에서 그랬다. 그럼에도 불구하고 부족하나마 이 작은 결실을 세상에 내 놓게 된 것은 30여 년 전 충남대학교 재직 시절부터 늘 가슴 속에 품어 왔던 인간의 언어사용의 보편성이라는 문제에 대한 답을 이 시점에서 나름대로 제시하고 싶었기 때문이다. 이 책은 인간의 언어 사용의 보편성을 인지 의미론적인 측면에서 찾아내는 하나의 경험론적인 노력의 결실에 지나지 않는다. 제한된 언어와 제한된 자료들을 통해 인간의 언어 사용의 보편성이라는 큰 주제에 접근한다는 점에서 비판의 여지가 많을 줄 안다. 그렇기에 앞으로 후배 학자들에 의거하여 이 문제가 좀 더 명쾌하게 규명되었으면 하는 마음 간절하다.

마지막으로 이 책의 출판을 기꺼이 허락해 주신 역락의 이대현 사장님께 감사드린다.

2015년 9월
곧 떠나게 될 충남대학교 연구실에서
오예옥 씀

차례

제1장 이론적 배경

1.1. 이상적 인지모형 ICM

"이상적 인지모형"(Idealized Cognitive Models, 이하 ICM)은 Lakoff (1987)가 만들어 낸 개념으로, 사람들이 일상대화에서 특정 어휘를 사용할 때 그들의 마음속에 그려지는 말 그대로 이상적인 인지모형을 말한다. 예를 들면 한국인과 독일인들은 일주일의 ICM을 7일 간의 달력 주기, 즉 월요일, 화요일, 수요일, 목요일, 금요일, 토요일, 일요일로 구성된 주일(週日)로 간주하고, 이 ICM에 의거하여 예를 들어 *금요일 /Freitag*을 목요일과 토요일 사이의 날로 인지한다.[1) *계절/Jahreszeit* 의 어휘를 사용할 때도 한국인과 독일인들은 1년 사계절의 ICM을 봄,

---

1) 7일을 1주로 여기는 것이 보편적인 ICM은 아니다. 이는 문화마다 다를 수 있다. 이에 관해서는 Lakoff(1995 : 80)을 참조하기 바란다.

여름, 가을, 겨울로 구성된 것으로 간주하고, 이 ICM에 의거하여 예를 들어 *여름/Sommer*를 봄과 가을 사이의 계절로 인지한다. 이 글에서는 이 ICM을 근간으로 인간의 인지 의미론적 언어사용의 보편성을 설명하고자 한다.

우선 인지의미론의 기본개념이 되는 은유와 환유 개념을 ICM을 통해 설명하기로 한다. 먼저 환유개념을 보자.

1.2. 환유개념

환유는 동일한 개념적 영역 안에서 가까이 인접해 있는 두 개념 사이에서 이루어지는 인지개념이다. 이를 Kövecses(2003 : 265)는 (1)의 ICM으로 설명한다.

(1)　　환유 ICM

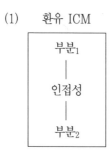

(1)의 ICM에서는 크게 두 가지 환유관계가 도출된다. 첫째는 전체 개념과 부분개념 간의 환유관계이고, 둘째는 부분개념과 부분개념 간의 환유관계이다. 먼저 전자의 환유관계를 보자.

1.2.1. 전체개념과 부분개념 간의 환유관계

Kövecses(2003 : 269)는 전체개념과 부분개념 간의 환유관계를 (2)의 ICM으로 설명한다.

(2)　전체 ICM

> 부분₁
> (부분₂
> 부분₃
> 기타)

(2)의 ICM에서는 부분개념인 "부분₁"을 제외한 나머지 부분개념들, 즉 "(부분₂, 부분₃, 기타)"이 괄호로 묶여 있다. 이것은 바로 괄호로 묶인 부분개념들이 배경개념으로 숨어 있어서, 전체개념과 부분개념인 "부분₁"과의 환유관계에 직접 관여하지 않는다는 것을 의미한다. 그러므로 (2)의 ICM에서는 전체개념과 부분개념인 "부분₁" 사이에 환유관계가 일어난다.

(2)의 ICM에서는 두 가지 환유적 개념구조가 도출된다. 첫째는 환유적 개념구조 〔부분개념으로 전체개념을 대신함〕이고, 둘째는 환유적 개념구조 〔전체개념으로 부분개념을 대신함〕이다. 이 두 환유관계는 (3가)와 (3나)의 ICM으로 설명된다. 좀 더 명확한 이해를 돕기 위해 필자는 이 두 ICM에 화살표를 추가한다.

(3가)

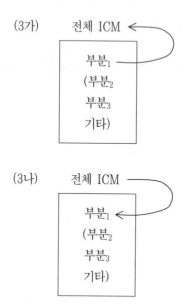

즉, 화살표 방향에서 알 수 있듯이, (3가)의 ICM에서는 환유적 개념구조 [부분개념으로 전체개념을 대신함]이 도출되고, (3나)에서는 환유적 개념구조 [전체개념으로 부분개념을 대신함]이 도출된다.

먼저 (3가)의 ICM에서 도출되는 환유적 개념구조 [부분개념으로 전체개념을 대신함]이 어떤 과정을 통해 실제 언어사용에 표출되는가를 보자. *England* '영국'과 *Großbritanien* '대영제국' 간의 환유관계를 예로 들어보자.[2] 독일어 문장 (4)의 *England*는 잉글랜드, 스코틀랜드, 웨일즈 전체를 나타내는 전체개념인 *Großbritanien*에 속하는 나라로서 대영제국 인구의 4/5가 살고 있는 대영제국 내의 가장 큰 나라

---

2) 영국과 대영제국 간의 환유관계는 Kövecses(2003 : 271)에서 인용한 것이다.

를 명명한다. 이는 (3가)의 ICM에 의거하여 (5)의 ICM으로 제시된다.

(4) Ich fliege morgen nach *England.*

(5) 대영제국 전체 ICM

(5)의 ICM에서는 부분개념 "잉글랜드"와 전체개념 "대영제국" 간의 환유관계, 즉 부분개념으로 전체개념을 표현하려는 환유관계가 표출된다. 부분개념 "스코틀랜드"와 "웨일즈"는 괄호로 묶여 있기 때문이다. 따라서 독일인들은 (5)의 ICM에서 도출되는 환유적 개념구조〔부분개념으로 전체개념을 대신함〕에 의거하여 (4)의 독일어 문장의 *England*를 *Großbritanien*으로 이해하기도 한다.

동일한 환유관계로 (6)과 (7)의 한국어와 독일어 문장에서 *두뇌*와 *Köpfe*가 어떠한 의미로 이해되는가를 보자. *두뇌*와 *Köpfe*의 의미는 '머리'이지만, (6)과 (7)의 두 문장에서는 머리를 포함한 사람 전체, 즉 머리가 좋은 사람으로 이해된다.

(6) 지금 우리 회사는 *두뇌*가 필요해.
(7) Wir brauchen dringend etliche gute *Köpfe.*
    '우리는 급하게 머리 좋은 사람 몇 명이 필요해.'

즉, (6)과 (7)의 한국어와 독일어 문장을 발화하는 한국인과 독일인
들은 마음에 *두뇌/Köpfe*에 관해 (8)과 같은 ICM을 갖고 있을 것이다.

(8)　　　몸 전체 ICM

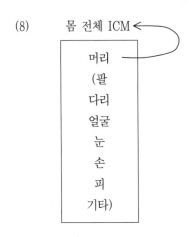

따라서 (8)의 ICM을 근거로 하는 환유적 개념구조 〔부분개념으로
전체개념을 대신함〕에 의거하여 (6)과 (7)의 한국어와 독일어 문장에
서 부분개념인 "머리"를 명명하는 *두뇌/Köpfe*는 전체개념인 "몸", 즉
머리가 좋은 사람으로 이해된다.

(9)의 한국어 관용어 눈이 *많다/있다* '주위에 보는 사람이 많다/있
다'를 보자. 이 관용어에서 *눈*은 바로 (10)의 ICM에 의거하여 사람으
로 이해된다.

(9) 지금은 보는 *눈이 많으니/있으니*, 나중에 만나서 이야기하자.

(10)　　　몸 전체 ICM

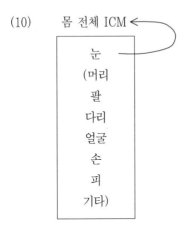

눈
(머리
팔
다리
얼굴
손
피
기타)

(11)의 독일어 관용어 *unter vier Augen sprechen* '단 둘이서'는 사람의 눈이 두 개인 것을 고려하여 다른 동석자 없이 당사자인 두 사람이 서로 믿음을 갖고 대화하는 것을 나타낸다. 여기서도 *Augen*은 (10)의 ICM에 의거하여 몸 전체, 즉 사람으로 이해된다.

(11) Kann ich mit dir mal *unter vier Augen* sprechen?
　　'너와 단 둘이서 이야기할 수 있을까?'

따라서 한국인과 독일인들은 (10)의 ICM을 근거로 하는 환유적 개념구조 [부분개념으로 전체개념을 대신함]에 의거하여 (9)와 (11)의 한국어와 독일어 문장에서 눈과 *Augen*으로 사람 전체를 표현한다.

*피/Blut*는 사람이나 동물의 몸 안의 혈관을 돌며 산소와 영양분을 공급하고, 노폐물을 운반하는 붉은색의 액체이다. 그러나 (12)와 (13)의 한국어와 독일어 문장에서 *젊은 피*와 *ein junges Blut*는 '젊은 선수'로 이해된다. 이에 관한 ICM은 (14)와 같이 제시된다.

(12) 한국축구팀은 젊은 *피*가 필요해.

(13) Für unsere Nationalmannschaft wird ein junges *Blut* gebraucht.
　　'우리나라 새 국가 대표팀에는 젊은 선수가 필요해.'

(14)　　몸 전체 ICM

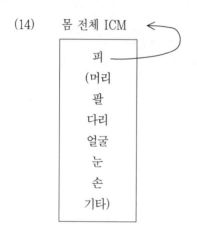

피
(머리
팔
다리
얼굴
눈
손
기타)

　　즉, 한국인과 독일인들은 (14)의 ICM에서 도출되는 환유적 개념구조 〔부분개념으로 전체개념을 대신함〕에 의거하여 (12)와 (13)의 한국어와 독일어 문장에서 *피*와 *Blut*로 몸 전체, 즉 사람을 표현한다.

　　(3나)의 ICM에서 도출되는 두 번째 환유적 개념구조 〔전체개념으로 부분개념을 대신함〕을 보자. 이에 관한 예로 *남도*와 *Amerika* '아메리카'를 보자.3) 원래 *남도*는 경상도와 전라도를, 그리고 *Amerika*는 북아메리카, 중앙아메리카 그리고 남아메리카를 통틀어 이르는 표현이다. 그러나 실제로 (15)의 한국어 문장에서 *남도*는 판소리의 한 경향인 동편제를 발전시킨 구례, 순창 중심의 전라남도 지방으로 이해

---

3) 남도의 예는 김종도(2005 : 52)에서 그리고 아메리카의 예는 Kövecses(2003 : 271)
　에서 참고한 것이다.

되고, (16)의 독일어 문장에서 *Amerika*는 미국으로 이해된다. 이 환유관계를 나타내는 ICM은 (17)과 (18) 같이 제시된다.

(15) 소리 찾아 *남도*여행을 떠나 볼까요. 구례 동편제 소리축제가 열려요.
(16) Letzten Jahres ist er nach *Amerika* ausgewandert.
　　　작년에 그는 미국으로 이민 갔다.

(17)　　　남도 전체 ICM

(18)　　　아메리카 전체 ICM

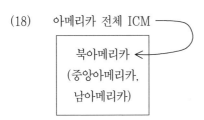

　(17)과 (18)의 ICM에서는 각각 전체개념과 부분개념, 즉 "남도"와 "전라도" 그리고 "Amerika"와 "북아메리카" 간의 환유관계가 표출된다. 따라서 (17)과 (18)의 ICM을 기반으로 하는 환유적 개념구조〔전체 개념으로 부분개념을 대신함〕에 의거하여 한국인과 독일인들은 (15) 와 (16)의 한국어와 독일어 문장에서 *남도*로 전라도를 그리고 *Amerika* 로 북아메리카, 즉 미국을 표현한다.

　한국어와 독일어 문장 (19)와 (20)을 보자.

(19) 민수는 어제 돈을 훔쳤다고 *아버지*한테 피 터지게 맞았어.

(20) *Er* hat mich geschlagen.

(19)와 (20)에서 사용되는 *아버지*와 *er*는 가해자, 즉 사람 전체를 지시하지만, 실제로는 누군가를 폭행하는 데 사용된 신체의 일부인 주먹, 즉 손을 가리킨다. 이에 대한 ICM은 (21)과 같이 제시된다.

(21)　　몸 전체 ICM

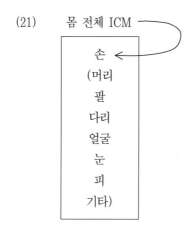

따라서 (19)와 (20)의 문장에서 *아버지*와 *er*는 (21)의 ICM을 근거로 하는 환유적 개념구조〔전체개념으로 부분개념을 대신함〕에 의거하여 폭행에 사용된 신체의 일부영역, 즉 주먹 또는 손을 나타낸다.

한국인과 독일인들은 *얼굴/Gesicht*로 입을 표현하기도 한다. 예를 들면 (22)의 한국어 관용어 *얼굴을 맞대다* '함께 논의하다'는 얼굴을 보면서 특정한 테마에 관해 심도 있게 논의하는 것을 나타낸다.4) 여

---

4) 한국어 문장 "그와 날마다 *얼굴을 맞대*고 산다는 것은 이만저만한 고역이 아니다." 에서 *얼굴을 맞대다*는 '만나다' 혹은 '부딪히다'의 의미로 이해된다. 이 경우에 *얼굴*

기서 *얼굴*은 말하는 입으로 이해된다. (23)의 독일어 관용어 *sich eine ins Gesicht stecken* '담배에 불을 붙이다'는 입에 물고 있는 담배에 불을 붙이는 것을 나타낸다. 여기서 *Gesicht*는 담배를 물고 있는 입으로 이해된다.

(22) 이 난국을 이겨내기 위해 우리는 *얼굴*을 *맞대고* 해결책을 찾아야
     한다.
(23) Augenblickchen! Ich möchte *mir* mal zuerst *eine ins Gesicht*
     stecken.
     잠깐만요! 저 먼저 담배에 불을 좀 붙여야겠어요.

이 문장을 발화할 때 한국인과 독일인들은 *얼굴/Gesicht*에 관해 (24)와 같은 ICM을 상상할 것이다.

(24)   얼굴 전체 ICM

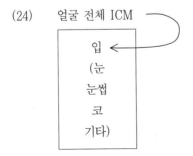

그러므로 한국인과 독일인들은 (24)의 ICM을 근거로 하는 환유적 개념구조 [전체개념으로 부분개념을 대신함]에 의거하여 (22)와 (23)

은 사람 전체로 이해되므로, 환유적 개념구조 [부분개념으로 전체개념을 대신함]에 속하는 [사물의 부분으로 전체사물을 대신함]으로 설명된다.

의 문장에서 *얼굴/Gesicht*로 입을 표현한다.

1.2.2. 부분개념과 부분개념 간의 환유관계

(1)의 ICM에서 도출되는 두 번째 환유관계, 즉 부분개념과 부분개념 간의 환유관계를 보자. Kövecses(2003 : 269)는 이 환유관계를 (25)의 ICM으로 설명한다. 여기서도 이해를 돕기 위해 화살표가 추가된다.

(25)　　(전체 ICM)

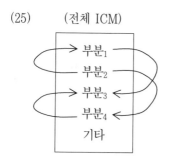

(25)의 ICM에서는 "(전체 ICM)"이 괄호로 묶여 있다. 이는 괄호로 묶인 전체 개념이 배경으로 숨어 있어서, 부분개념과 부분개념 간의 환유관계에 직접 관여하지 않는다는 것을 의미한다. 즉, (25)의 ICM 에서는 표시된 화살표 방향들에서 알 수 있듯이, "부분$_1$", "부분$_2$", "부분$_3$", "부분$_4$", "기타"의 부분개념들 중에서 임의의 부분개념과 다른 임의의 부분개념 간의 여러 가지 환유관계가 일어난다. 여기서는 그 중의 일부 환유관계인 "부분$_1$"과 "부분$_3$", "부분$_2$"와 "부분$_4$", "부분$_2$"와 "부분$_1$", "부분$_4$"와 "부분$_3$" 간의 환유관계가 일어난다. 그러면 (25)의 ICM 이 한국인과 독일인들의 언어사용에 어떻게 적용되는가를 보자.

예를 들어 *벡스/Becks*는 원래 독일 브레멘에 있는 맥주회사를 지시하지만, (26)과 (27)의 한국어와 독일어 문장에서는 벡스회사에서 생산된 알코올성 음료인 맥주로 이해된다. 즉 한국인과 독일인들은 (26)과 (27)의 문장을 발화할 때 생산자인 벡스회사의 개념과 그의 생산물인 맥주의 개념이 서로 인접해 있는 (28)의 ICM을 마음속에 갖고 있을 것이다.

(26) 남편이 좋아하는 맥주는 *벡스야*.
(27) Sein Lieblingsbier ist *Becks*.
　　　그가 제일 좋아하는 맥주는 벡스야.

(28)　　　 (벡스의 ICM)

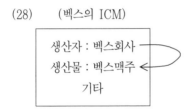

그러므로 한국인과 독일인들은 (28)의 ICM을 근거로 하는 환유적 개념구조〔부분개념으로 부분개념을 대신함〕에 속하는〔생산자로 생산물을 대신함〕에 의거하여 (26)과 (27)의 한국어와 독일어 문장에서 *벡스*와 *Becks*로 생산물인 맥주를 표현한다.

신체의 생리적 증상을 통해 사람들의 내면적인 마음상태나 감정상태를 표현하는 한국인과 독일인들의 환유적 언어사용도 부분개념과 부분개념 간의 환유관계로 설명된다. 예를 들면 (29)와 (30)의 한국어와 독일어 문장에서 *혈색이 좋다*와 *blühend aussehen*은 '건강하다'의 의미로 사용된다.

(29) 그 사람 요사이 *혈색이* 아주 *좋아졌어.*

(30) Er *sieht blühend aus.*
    '그는 혈색이 좋다.'

일반적으로 피부가 뽀얗고 혈색이 좋으면, 건강상태가 좋은 것으로
여긴다. 다시 말하면 외부로 표출되는 신체의 증상, 즉 피부가 뽀얗고
혈색이 좋은 상태로 신체의 내적 상태, 즉 건강상태가 좋다고 여긴다.
그러므로 인간의 신체상태를 원인과 결과 같은 부분개념들로 이루어
진 복합개념의 범주로 규정한다면, 신체에 나타나는 증상은 신체의 내
적 상태의 결과가 되고, 반대로 신체의 내적 상태는 신체에 나타나는
증상의 원인이 된다. 이러한 부분개념과 부분개념 간의 인과적 환유관
계는 (31)의 ICM으로 설명된다.

(31) (신체상태의 ICM)

원인 : 건강함/건강하지 않음
결과 : 혈색이 좋음/창백함

(31)의 ICM에 의거하면 한국인과 독일인들은 (29)와 (30)에서 부
분개념(원인)인 건강한 상태를 다른 부분개념(결과)인 혈색이 좋은 것
으로 표현하고 있다. 그러므로 한국인과 독일인들은 (31)의 ICM를 근
거로 하는 환유적 개념구조 [부분개념으로 부분개념을 대신함]에 속
하는 [결과로 원인을 대신함]에 의거하여 (29)와 (30)의 *혈색이 아주*

*좋다*와 *blühend aussehen*으로 건강이 좋은 상태를 표현한다.

반대로 얼굴이 창백해 보이는 것은 건강이 좋지 않은 것으로 여긴다. 이를 반영하여 (32)와 (33)의 *창백해 보이다*와 *blass aussehen*은 건강이 좋지 않은 상태를 나타낸다.

    (32) 너 오늘 *창백해 보이는데*, 어디 아프니?
    (33) Du *sieht blass aus*. Bist du krank?
        '너 오늘 창백해 보여. 어디 아프니?'

따라서 한국인과 독일인들은 (31)의 ICM을 근거로 하는 환유적 개념구조 [결과로 원인을 대신함]에 의거하여 (32)와 (33)의 *창백해 보이다*와 *blass aussehen*으로 건강이 좋지 않은 상태를 표현한다.

소리로 사건을 표현하는 경우를 보자. 예를 들면 누군가가 기차역 플렛홈에서 기차를 기다고 있는데, 멀리서 기적소리가 들린다고 하자. 그러면 사람들은 기차가 플렛홈 안으로 들어오고 있다고 생각한다. 인과적 관점에서 볼 때 (34)와 (35)의 한국어와 독일어 문장에서 *기적소리를 내다*와 *die Dampfpfeife ertönen*은 소리, 즉 기적 소리로 그것을 야기한 사건, 즉 기차의 도착을 나타낸다.[5] 이는 (25)의 ICM에 의거하여 (36)의 ICM으로 설명된다.

    (34) 기차는 *기적소리를 내면서* 플렛홈 안으로 들어오고 있다.
    (35) Der Zug kommt am Gleis 7 an, wobei *die Dampfpfeife ertönt*.
        '기차가 기적소리를 내면서 7번 플렛홈으로 들어오고 있다.'

---

5) 이에 관해서는 Kövecses(2003 : 277)를 참조한 것이다.

(36) (기차의 기다림 ICM)

> 원인 : 기차의 도착
> 결과 : 기차의 기적소리

따라서 한국인과 독일인들은 (36)의 ICM을 근거로 하는 환유적 개념구조 〔부분개념으로 부분개념을 대신함〕에 속하는 〔결과로 원인을 대신함〕에 의거하여 (27가, 나)의 *기적소리를 내다*와 *die Dampfpfeife ertönen*으로 기차의 도착을 표현한다.

1.3. 은유개념

은유는 "멀리 떨어진", 다시 말하면 서로 인접해 있지 않은 상이한 두 영역, 즉 출발영역과 목표영역의 개념들 간에 적용되는 인지개념이다. 여기서 두 영역의 개념은 추상적인 목표개념과 구체적인 출발개념을 말하며, 이 두 개념은 서로 유사성을 지녀야 한다. 은유개념에 관한 ICM을 Kövecses(2003 : 265)는 (28)의 도식으로 제시한다.6)

(37)   ICM$_1$ ICM$_2$

6) Kövecses(2003 : 275)에서는 출발영역을 근원영역으로 표기하고 있다.

(37)의 ICM을 근거로 (38)과 (39)의 한국어와 독일어 문장에서 나타내는 *인플레이션*과 *Inflation*의 은유의미를 설명해 보자.

(38) 우리는 지금의 경제상황을 극복하기 위해 *인플레이션*과 싸워야 해.
(39) Wir müssen die *Inflation* kämpfen.(Lakoff/Johnson 1998 : 36)
　　'우리는 인플레이션과 싸워야 한다.'

예를 들면 적이 우리를 공격하고, 해치고, 파괴하고, 우리에게서 무엇을 빼앗아 가듯이, 인플레이션도 우리를 공격하고, 해치고, 파괴하고, 우리에게서 무엇을 빼앗아 간다. 인플레이션과 적 사이의 이러한 유사성을 배경으로 이루어지는 은유관계는 (40)의 ICM으로 제시된다.

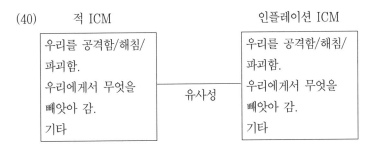

따라서 한국인과 독일인들은 (40)의 ICM을 근거로 하는 은유적 개념구조〔인플레이션은 적〕에 의거하여 (38)과 (39)의 한국어와 독일어 문장에서 추상적인 목표개념인 인플레이션을 구체적인 출발개념인 적으로 표출한다.

현대 자본주의 사회에서 시간은 정확히 돈으로 계산된다. 시간과 돈이 유사한 속성을 지니고 있기 때문이다. 즉, 돈은 제한된 자원으로서 절약해야 하고, 절약하다 보면 저축하게 되고, 계획 없이 쓰다 보면 부족해지듯이, 시간 역시 제한된 자원으로서 절약해야 되고, 낭비하다 보면 부족해지므로, 계획적으로 사용해야 한다. 그러므로 24시간의 제약 속에서 매 순간 시간에 쫓기며 살고 있는 현대인들은 시간의 개념을 돈의 개념으로 생각한다. 이러한 사고로 인한 시간의 개념과 돈의 개념 간의 은유관계는 (41)의 ICM으로 설명된다.

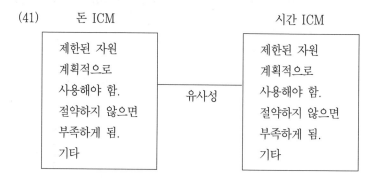

(41)   돈 ICM   시간 ICM

제한된 자원 / 계획적으로 / 사용해야 함. / 절약하지 않으면 / 부족하게 됨. / 기타 —— 유사성 —— 제한된 자원 / 계획적으로 / 사용해야 함. / 절약하지 않으면 / 부족하게 됨. / 기타

그러면 (41)의 ICM에 의거하여 (42)와 (43)의 한국어와 독일어 문장을 보자.

(42) 이곳 주차는 *시간당 5,000원*이야.
(43) Die Parkgebühr kostet *pro Stunden 5Euro.*
　　　'주차료는 시간당 5유로야.'

(42)와 (43)에서 *시간당 5,000원*과 *pro Stunden 5Euro*를 발화할 때 한국인과 독일인들은 (41)의 ICM에서 도출되는 은유적 개념구조 [시간은 돈]에 의거하여 추상적인 개념인 시간을 구체적인 개념인 돈

으로 표현하고 있다. 다시 말하면 시간을 돈으로 계산하고 있다. 같은 맥락에서 *시급, 주급/Wochengeld* 등도 시간당 그리고 주당으로 계산되는 금액으로 설명된다.

사람들은 누군가와 심각한 논쟁을 할 때, 자신과 논쟁하는 상대방을 적으로 여기고, 상대방의 의견을 공격하고, 자신의 의견을 방어하기 위해 여러 가지 책략을 쓰고, 승패를 따진다. 그렇다면 한국인과 독일인 화자는 논쟁과 전쟁 간의 은유관계를 나타내는 (46)의 ICM을 근간으로 (44)와 (45)의 문장들을 발화했을 것이다.

(44) 그는 토론에서 내가 제시한 *모든 논점을 공격했다.*
(45) Er griff jeden Schwachpunkt in meiner Argumentation an.
   (Lakoff/Johnson 1998 : 12)
   '그는 나의 논증과정에서 드러난 약점들을 모두 공격했다.'

(46)   전쟁 ICM   논쟁 ICM

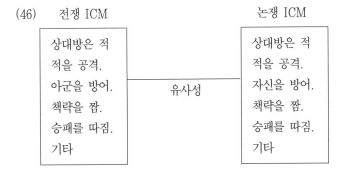

그러므로 한국인과 독일인들은 (46)의 ICM에서 도출되는 은유적 개념구조 [논쟁은 전쟁][7]에 의거하여 목표개념인 추상적인 논쟁의 개념을 출발개념인 구체적인 전쟁의 개념으로 은유한다. 이에 의거하여

한국인과 독일인들은 (44)와 (45)의 문장에서 *모든 논점을 공격하다*
와 *jeden Schwachpunkt angreifen*을 사용한다.

　용기는 물건을 담는 그릇이다. 누군가가 이 방에서 저 방으로 이동
한다고 하자. 이 때 방은 용기의 개념으로 인지된다. 사람의 몸이나
신체기관도 용기의 개념으로 인지된다. 몸도 음식물이 섭취되고, 찌꺼
기가 배출되는 용기로 인지된다. 신체기관과 내장기관들도 용기로 인
지된다. 예를 들면 심장은 모여든 정맥혈을 폐로 보내고 산소 공급을
받은 동맥혈을 받아서 온 몸에 나누어주는 펌프역할을 하는 용기로 인
지된다. 이러한 맥락에서 몸과 심장을 용기로 표출하는 은유적 ICM은
(47)과 (48) 같이 제시된다.

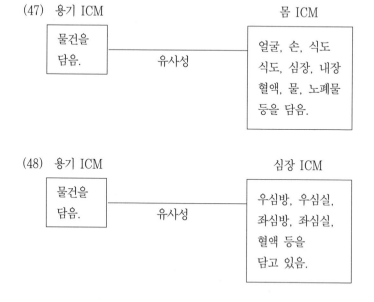

(47)　용기 ICM　　　　　　　　　　　　　　몸 ICM
　　　물건을　　　　　　　　　　　　얼굴, 손, 식도
　　　담음.　　　　유사성　　　　식도, 심장, 내장
　　　　　　　　　　　　　　　　혈액, 물, 노폐물
　　　　　　　　　　　　　　　　등을 담음.

(48)　용기 ICM　　　　　　　　　　　　　　심장 ICM
　　　물건을　　　　　　　　　　　　우심방, 우심실,
　　　담음.　　　　유사성　　　　좌심방, 좌심실,
　　　　　　　　　　　　　　　　혈액 등을
　　　　　　　　　　　　　　　　담고 있음.

---

7) 이에 관한 자세한 내용은 Lakoff/Johnson(1980 : 4/1998 : 12)를 참조하기 바란다.

(47)과 (48)의 ICM에 의거하여 한국인은 (49)의 문장에서 몸을 노폐물이 들어 있는 용기로 표출한다. 독일인은 *Herz*를 (50가)의 문장에서는 작은 구멍이 있는 용기로, (50나)의 문장에서는 근심 걱정 등이 있는 마음의 용기로 표출한다.[8]

    (49) 몸 안의 노폐물 제거가 건강의 핵심이야.

    (50가) In seinem *Herzen* gibt es ein kleines Loch. Er muss
           operiert werden.
           '그는 심장에 작은 구멍이 있다. 그래서 수술받아야 한다.'

    (50나) Sag mir mal bitte, was du in deinem *Herzen* hast!
           '네 마음속에 들어 있는 것을 말해 봐.'

따라서 한국인은 (47)의 ICM에서 도출되는 용기 은유적 개념구조 〔몸은 용기〕에 의거하여 (49)의 문장에서 몸을 용기로 표출한다. 독일인은 (48)의 ICM에서 도출되는 용기 은유적 개념구조 〔심장은 용기〕에 의거하여 (50가, 나)의 문장에서 *Herz*를 용기로 표출한다.

손도 용기로 표현된다. 관용어에서 표현되는 경우를 보자.[9] 예를 들면 (51)의 한국어 관용어 *손에 넣다* '소유하다'와 (52)의 독일어 관용어 *jn./etw. in die Hand/in die Hände bekommen/kriegen* '(우연히) 누구를/무엇을 손에 넣다'에서 *손/Hände*는 아버지의 재산이나

---

8) (50나)에서 *Herz*는 Barcelona(2003 : 37)의 관습적 환유에서 나온 개념구조 〔신체기관이 그것의 전형적인 기능적 속성을 대신함〕에 의거하여 마음으로 표현된다. *가슴에 피멍이 들다* '한이 맺히다' 같은 한국어 관용어에서도 *가슴*은 동일한 환유적 개념구조에 의거하여 마음으로 표현된다. 관습적 환유에 관한 자세한 내용은 오예옥(2011 : 31ff.)을 참조하기 바란다.

9) 관용어에 관해서는 2장에서 자세히 언급한다.

가족이 애지중지하는 보석 같은 물건들이 담겨져 있는 용기로 이해된다.

> (51) 그는 효도하는 척하고 아버지의 재산을 *손에 넣었다.*
> (52) Hans hat *den Familienschmuck in die Hand bekomkmen/gekriegt.*
> 한스가 가족이 애지중지하는 보석을 손에 넣어 버렸다.

　따라서 한국인과 독일인들은 (51)과 (52)의 관용어에서와 같이 용기 은유적 개념구조 〔손은 용기〕에 의거하여 *손/Hand*로 용기를 표현한다.10)

　관용어는 세상경험의 기반위에서 이루어지는 인간의 환유적 사고나 은유적 사고의 산물이다. 그러므로 관용어는 사람들의 세상경험이 어떻게 언어로 표출되는가, 반대로 언어 표현을 통해 사람들의 세상경험을 설명하는 중요한 언어자료가 된다. 2장에서는 관용어가 형식의미론과 인지의미론 내에서 어떻게 취급되고 있는지, 그리고 이 글에서 다루려고 하는 인간의 인지 의미론적 언어사용의 보편성 규명에 얼마나 중요한 언어자료가 되는지를 언급한다.

---

10) 그 이외에도 사람들의 언어사용에 나타나는 다른 은유들에 관해서는 여기서 자세히 언급하지 않는다. Lakoff/Johnson(1980/1998) 등 관련된 문헌들을 참고하기 바란다.

제2장 관용어와 인지적 사고

2.1. 형식의미론과 관용어

형식의미론에서는 단순표현, 즉 단어의 의미를 외부세계에 관한 경험이나 이해와는 상관없이 이미 고정된 것 그리고 주어진 것으로 규정한다. 예를 들면 형식의미론에서 돌/*Stein*의 의미는 흙 따위가 굳어서 단단하게 된 광물질 덩어리로 규정된다. 즉 돌/*Stein*의 의미는 언어사용자들이 돌이 어떠한 물질인지 직접 경험하기 이전에 이미 단단한 광물질 덩어리로 주어진다. 새/*Vogel*의 의미는 깃털이 있고 다리가 둘이며, 자유로이 하늘을 날아다니는 짐승으로 규정된다. 이 의미 역시 형식의미론에서는 언어사용자들이 새가 어떠한 동물인지 직접 경험하기 이전에 이미 주어진다.

문제는 과연 사람들이 단어의 의미를 경험 이전에 이미 선험적으로 그리고 보편적으로 주어지는 것으로 받아들일까 하는 점이다. 다시 말하면 사람들이 돌을 직접 보거나 만져보지 않고서 돌의 의미를 단단하게 굳어진 광물질 덩어리로 받아들일까, 또한 새를 한 번도 직접 보거나 관찰하지 않고서 새를 다리가 둘이고 깃털을 가진 날 수 있는 동물로 받아들일까 하는 점이다. 만약에 이 세상에 단단하지 않은 돌11)이 있다면, 그리고 날지 못하는 새12)가 있다면 이 들은 돌도 아니고 새도 아닌 것으로 간주해야 하는가 하는 점이다. 물론 형식의미론에서 단단하지 않은 돌은 돌이 아니고, 날지 못하는 새는 새가 아닌 것으로 간주된다.

형식의미론에서 복합표현의 의미는 합성성의 원칙에 의거하여 구성성분들의 의미의 합으로 도출된다. *구두/Schuh*를 예로 들어 보자. 생산자들은 구두를 생산할 때 사용자층, 사용목적, 사용시기 등을 겨냥하여 다양한 모양과 소재를 선택한다. 이러한 구두의 속성들은 다른 성분과 결합하여 합성어를 형성할 때 더욱 더 뚜렷하게 나타난다. 예를 들면 *구두/Schuh*가 둘째 성분, 즉 피한정어로서 첫째 성분, 즉 한정어로 *여자/Damen*, *가죽/Leder*, *운동/체조하다/turnen*, *끈/Schnür*와 결합하여 *여자구두/Damenschuh*, *가죽구두/Lederschuh*, *운동/체조화/Turnschuh*, *끈 구두/Schnürschuh* 같은 합성어를 형성한다고 보자.13) 합성성의 원칙에 의거하면, *여자구두/Damenschuh*는 *여자/Damen*의 의미와 *구두/Schuh*의 의미의 합, 즉 '여성용 구두'의 의미를 나타낸다. *가죽구두/Lederschuh*는 *가죽/Leder*의 의미와 *구두*

---

11) 예를 들면 화산폭발로 분출된 용암으로서 아직 완전히 100% 굳지 않은 화산석.
12) 예를 들면 갈라파고스의 가마우지.
13) 이 예들은 Linke/Nussbaumer/Portmann(1991 : 140)에서 인용한 것이다.

/*Schuh*의 의미의 합, 즉 '가죽으로 만들어진 구두'를 의미한다. *운동 화/체조화/Turnschuh*는 *운동/체조하다/turnen*의 의미와 *구두/Schuh* 의 의미의 합, 즉 '운동할 때 신는 구두'/'체조할 때 신는 구두'의 의미 를 나타낸다. *끈 구두/Schnürschuh*는 *끈을 매다/schnüren*과 *구두 /Schuh*의 의미의 합, 즉 '끈 매는 구두'의 의미를 나타낸다. 이렇게 형 식의미론에서 복합표현의 의미는 그의 구성성분의 의미의 합으로 도 출된다.

문제는 복합표현의 의미가 항상 합성성의 원칙으로만 도출 가능한 가 하는 점이다. 예를 들면 한국어 합성어 *피바다*는 *피*와 *바다*의 성분 으로 결합된 것으로서 합성성의 원칙에 의거하면 '피로 이루어진 바다' 를 의미해야 한다. 그러나 실제로 이 합성어는 피가 낭자하게 흘러 있 는 곳을 비유적으로 표현하는 복합표현으로서 집단학살이 일어난 곳 을 의미한다. 독일어 합성어 *Blutbad*는 *Blut*와 *Bad*의 성분으로 결합 된 것으로서, 합성성의 원칙에 의거하면 '피로 하는 목욕'을 의미해야 한다. 그러나 실제로 이 합성어는 비유적으로 피로 목욕할 정도로 많 은 사상자를 낸 집단 학살을 의미한다.

형식의미론에서 문장의 의미는 절대적인 진리를 추구하는 진리조건 의미론으로 규명된다. 예를 들면 뉴욕에 사는 한 친구가 한국의 친구 에게 전화를 해서 *Hier regnet es.*라고 발화했다고 하자.[14] 형식의미 론에서 문장의 의미는 관련된 세상을 근거로 진과 허로 규명된다. 그 렇다면 언급한 문장의 의미는 뉴욕 친구의 발화 시점에서 뉴욕에 실제

---

14) 이 예문은 Linke/Nussbaumer/Portmann(1991 : 1162)에서 인용한 것임.

로 비가 오면 진으로, 그렇지 않으면 허로 규정된다.

　문제는 사람들이 사용하는 모든 문장들의 의미가 진리조건 의미론으로 규정되는가 하는 점이다. 이와 관련하여 (1)과 (2)의 한국어와 독일어 문장을 보자.

　　(1) 나의 *생각*은 녹슬어 버렸다.
　　(2) Mein *Leben* ist total zerbrochen worden
　　　　'나의 삶은 완전히 깨지고 말았다.'/'나는 인생의 패배자다.'
　　(3) 내 *자전거*가 녹슬어 버렸다.
　　(4) Mein *Milchglas* ist total zerbrochen worden.
　　　　'내 우유잔이 완전 박살났어.'

　(1)과 (2)의 한국어와 독일어 문장의 의미는 진리조건 의미론으로 규명되지 못한다. 왜냐하면 술어 *녹슬다*와 *zerbrochen werden*이 요구하는 1격 주어는 *생각*이나 *Leben* 같은 추상명사가 아니기 때문이다. (3)과 (4)의 한국어와 독일어 문장에서와 같이 *자전거*나 *Milchglas* 같은 구체적인 물질명사가 *녹슬다*와 *zerbrochen werden*의 주어로 나타난다면, 이 경우의 문장들은 진리조건 의미론으로 규명된다.

　한국인과 독일인들은 어떻게 해서 진리조건 의미론으로 진위 여부를 가리지 못하는 (1)과 (2)의 문장을 일상대화에서 문법성의 위배 없이 아주 자연스럽게 사용하는가? 한국인과 독일인들은 (1)과 (2)의 문장을 발화할 때 실재물 은유를 적용한다. 실재물 은유란 추상적인 개념을 마치 실제로 존재하는 존재물로 비유하는 것이다. 이 은유에 의거하여 한국인과 독일인들은 (1)과 (2)의 문장에서 추상적인 개념을 나타내는 *생각*과 *Leben*을 실재물로 은유하고, 이를 녹슬어 버린 물체 그리고 깨져 버린 물체로 표현한다.

관용어의 경우를 보자. 관용어는 여러 개의 단어들로 구성된 복합표현으로서, 그 의미가 합성성의 원칙에 의거하여 구성성분들의 의미의 합으로 도출되지 못한다. 이와 관련하여 (5)의 한국어 관용어 *눈이 돌다*와 (6)의 독일어 관용어 *kleine Augen machen*을 보자.

> (5) 국밥집에 어찌나 사람이 많은지 *눈이 핑 돌* 지경이었다.
> (6) Geh ins Bett! Du *machst* ja schon *ganz kleine Augen*.
> '어서 가서 자거라, 너 몹시 피곤하잖니.'

합성성의 원칙에 의거하면 언급한 두 관용어의 문자적 의미는 각각 '눈알이 일정하게 움직이다'와 '눈을 작게 뜨다'일 것이다. 그러나 이 두 의미로 (5)의 한국어 문장과 (6)의 독일어 텍스트는 제대로 이해되지 못한다. 그러나 한국인과 독일인들은 (5)와 (6)에서 *눈이 핑 돌다*와 *kleine Augen machen*을 각각 '(눈이 돌 정도로) 몹시 바쁘다'와 '(눈을 뜨지 못할 정도로) 몹시 피곤하다' 같은 관용어적 의미로 사용한다. 그래서 (5)와 (6)의 문장을 아무런 문법성의 위배 없이 자연스럽게 사용한다. 관용어가 사용되는 이러한 문장들의 의미도 형식의미론으로는 설명되지 못한다.

단어, 합성어, 문장 그리고 관용어의 의미에서 보았듯이, 형식의미론으로 인간의 언어사용을 설명하는 데에는 한계가 있다. 왜냐하면 형식의미론은 인간의 세상경험, 인간의 마음과 몸, 인간의 두뇌활동 등을 전혀 고려하지 않고, 단지 보편적인 범주로만 규정되는 객관적인 세계 내에서 언어표현의 의미를 규명하기 때문이다.

관용어는 세상경험의 기반위에서 형성되는 인지적 사고를 통해 이해된다. 그러므로 관용어의 의미는 인간의 세상경험 등을 고려하지 않고서는 설명하기 어렵다. 세상경험이 어떻게 인간의 언어사용에 표출되는가를 연구하는 인지의미론에서 관용어의 의미는 아주 잘 설명된다. 2.2.에서는 이에 관해 언급한다.

2.2. 인지의미론과 관용어

인지의미론에서 언어의 의미는 세상경험과 이해의 기반위에서 설명된다. 형식의미론에서 언어표현의 의미규명에 전혀 고려되지 않았던 인간의 세상경험이 인지의미론에서는 언어표현의 의미규명에 아주 중요한 요인이 된다. 인지의미론에서 *돌/Stein*의 의미는 직접 돌을 만져보지 않고서는 단단한 광물질의 덩어리로 규정되지 못한다. *새/Vogel*의 의미도 직접 새를 보지 않고서는 다리가 둘이고 깃털이 있는 날짐승으로 규정되지 못한다. 아울러 단단하지 않은 돌도 그리고 날지 못하는 새도, 돌과 새의 핵심적 대표자는 아닐지라도 돌로 인정되고, 새로 인정된다.

그러므로 인지의미론에서 언어표현의 의미는 세상경험이 우리의 몸과 마음, 두뇌를 통해 어떻게 이해되고, 느껴지고, 연상되고, 상상되는가 하는 과정들을 통해 환유적 개념체계와 은유적 개념체계들로 설명된다. (1)과 (2)의 문장을 (7)과 (8)에 다시 제시하여 설명해 보자.

(7) 나의 *생각*은 녹슬어 버렸다.

(8) Mein *Leben* ist total zerbrochen worden
　　'나의 삶은 완전히 깨지고 말았다./나는 인생의 패배자다.'

　몸은 인간의 인지적 언어사용에 보편적 근간이 되는 실재물이다. 이에 비유하여 사람들은 개념, 사건, 감정 등의 개념들을 실재물로 은유한다. 바로 (7)과 (8)의 문장에서 한국인과 독일인 화자는 실재물 은유에 의거하여 *생각*과 *Leben*을 은유적 개념구조 〔생각은 실재물〕과 〔인생은 실재물〕에 의거하여 실재물, 즉 녹슬어 버린 물체와 깨져 버린 물체로 표출한다.15)

　관용어는 여러 개의 단어들로 구성된 언어표현이지만, 인지의미론에서 그의 의미는 합성성의 원칙으로 도출되지 않고, 오히려 사람들의 세상 경험을 기반으로 하는 인지적 사고를 통해 도출된다. 이와 관련하여 (5)와 (6)의 문장을 (9)와 (10)에 다시 제시하여, 한국어 관용어 *눈이 돌다*와 독일어 관용어 *kleine Augen machen*의 의미를 설명해 보자.

(9) 국밥집에 어찌나 사람이 많은지 *눈이 핑 돌* 지경이었다.

(10) Geh ins Bett! Du *machst* ja schon ganz *kleine Augen*.
　　'어서 가서 자거라, 너 몹시 피곤하잖니.'

　사람들은 많은 것들이 일정한 방향으로 바쁘게 움직이는 광경을 보

---

15) 사람들은 의인화은유, 방향은유 등을 통해서도 언어를 표현한다. 이 글에서 거의 언급하지 않은 이런 은유들에 관해서는 Lakoff/Johnson(1980/1998) 등을 참조하기 바란다.

노라면 눈이 핑 돌 정도로 현기증을 느끼곤 한다. 너무 피곤할 때에는 눈이 자주 감겨서 실눈을 뜨게 되기도 한다. 이런 경험들을 통해서 보면 너무 바쁘게 움직이는 것을 보는 것은 눈이 핑 돌게 만드는 원인이 되고, 너무 피곤한 것은 실눈을 뜨게 하는 원인이 된다. 이런 인과관계를 바탕으로 한국인과 독일인들은 환유적 개념구조〔결과로 원인을 대신함〕을 근간으로 (9)의 한국어 관용어 *눈이 돌다*를 '(눈이 돌 정도로) 몹시 바쁘다'의 의미로, 그리고 (10)의 독일어 관용어 *kleine Augen machen*를 '(눈을 뜨지 못할 정도로) 몹시 피곤하다'의 의미로 사용한다. 이러한 관용어적 의미가 잘 융합되어 (9)의 한국어 문장과 (10)의 독일어 텍스트는 아무 문제없이 사용되고 이해된다.

분노하면 가슴속에서 무언가가 부글부글 끓어오르는 것 같고, 심할 경우에는 가슴이 터질 것 같다. 이에 비유하여 (11)의 한국어 관용어 *울화통이 터지다* '몹시 분하다'는 몹시 분노해 하는 것을 마음의 용기 안에 있는 분노의 액체의 가열로 인해 용기가 폭발하여, 내용물이 용기 밖으로 터져 나오는 것16)으로 표현한다. (12)의 독일어 관용어 *jmdm. platzt der Kragen* '화를 참지 못하다'는 참을 수 없이 화가 난 상태를 목덜미로 표현되는 마음17)의 용기 안에서 분노의 액체가 가열되어 부피가 증가하고, 이로 인해 용기가 파열되면서 액체가 밖으로 흘러나오는 것으로 표현한다.

---

16) 이 이미지에 관해서는 Lakoff(1995 : 475)를 참조하기 바란다.

17) 각주 8)에서도 언급하였듯이, Barcelona(2003 : 37)의 관습적 환유에서 나온 개념 구조〔신체기관이 그것의 전형적인 기능적 속성을 대신한다〕에 의거하여 사람의 몸과 일부 신체 및 내장기관들이 마음으로 환유된다. 이에 의거하여 (12)의 독일어 관용어에서 *Kragen* '목덜미'는 마음으로 환유된다.

(11) 도박에 빠진 아들만 생각하면 *울화통이 터져* 죽을 것 같다.
(12) Nachdem er sich das Geschwätze eine Weile schweigend
  mitangehört hatte, *platzte ihm der Kragen.*
  '그는 한동안 수다를 조용히 듣다가, 화를 참지 못했다.'

즉, 한국인과 독일인들은 은유적 개념구조 [마음은 용기]18)와 [분
노는 용기속의 뜨거운 액체]19)를 근간으로 (11)과 (12)의 관용어를
사용한다.

사람들은 상황이나 상태를 좀 더 사실적으로 표현하여 이해의 효과
를 높이기 위해 관용어를 사용한다. 이런 경향은 증가추세에 있다. 형
식의미론에서 무의미한 언어표현으로 간주되는 관용어는 인지의미론
에서는 인간의 인지적 사고, 즉 환유적 사고와 은유적 사고가 반영되
는 언어표현으로서 세상경험이 어떻게 언어표현에 반영되는가를 알아
내는 중요한 언어자료가 된다. 이러한 점에서 이 글에서 다루려고 하
는 인간의 인지 의미론적 언어사용의 보편성은 한국인과 독일인이 사
용하는 다양한 관용어 자료들을 통해 경험적으로 설명된다. 여기서 인
용되는 많은 한국어 관용어는 주로 박영준/최경봉(2005), 네이버 국어
사전, 다음어학사전에서, 그리고 독일어 관용어는 Duden(2008)에서
참고하였음을 밝힌다. 먼저 한국인과 독일인들의 환유적 언어사용에
서 인지 의미론적 보편성을 찾아보자.

---

18) 용기은유에 관해서는 Lakoff/Johnson(1980 : 29ff.)를 참조하기 바란다.
19) 이 개념구조에 관해서는 Kövecses(2003 : 165)를 참조하기 바란다.

제3장 환유적 언어사용

1.2.에서 언급하였듯이, 환유적 언어사용에서 많이 나타나는 환유적 개념구조는 두 가지로 요약된다. 첫째는 부분개념과 전체개념 간의 환유관계를 나타내는 환유적 개념구조 〔부분개념으로 전체개념을 대신함〕과 〔전체개념으로 부분개념을 대신함〕이고, 둘째는 부분개념과 부분개념 간의 환유관계를 나타내는 환유적 개념구조 〔부분개념으로 부분개념을 대신함〕이다. 전자의 두 개념구조들이 도출되는 ICM을 1장의 (2가)와 (2나)에서 제시하였다. 이를 (1가)와 (1나)에 다시 제시한다.

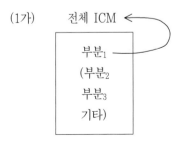

(1가)   전체 ICM

부분₁
(부분₂
부분₃
기타)

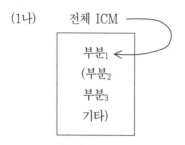

(1나)   전체 ICM

부분₁
(부분₂
부분₃
기타)

먼저 (1가)의 ICM에서 도출되는 환유적 개념구조〔부분개념으로 전체개념을 대신함〕을 근간으로 하는 한국인과 독일인들의 환유적 언어사용을 보기로 하자.

3.1. 〔부분개념으로 전체개념을 대신함〕 :〔사물의 부분으로 전체사물을 대신함〕

사람의 몸은 팔, 다리, 얼굴, 눈, 손, 피 등의 기관들로 구성된 하나의 복합기관으로 간주된다. 한국인과 독일인들은 부분개념과 전체개념 간의 환유관계에 의거하여 신체 전체를 신체기관의 일부인 얼굴, 눈, 손, 피 등으로 표현한다. 이러한 한국인과 독일인들의 언어사용은 환유적 개념구조〔부분개념으로 전체개념을 대신함〕에 속하는〔사물의 부분으로 전체사물을 대신함〕으로 설명된다. 먼저 얼굴로 몸 전체를 나타내는 경우를 보자.

3.1.1. 얼굴

사람들은 얼굴을 보면 바로 그가 누구인가를 알아낸다. 이를 반영하듯, 한국인과 독일인들은 신체기관의 일부인 얼굴로 신체전체, 즉 사람이나 몸을 표현한다. 얼굴로 사람의 몸을 나타내는 ICM은 (1가)의 ICM에 의거하여 (2)와 같이 제시된다.

(2)　　　몸 전체 ICM

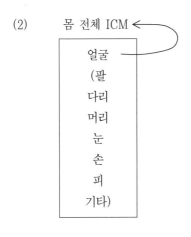

　　　　얼굴
　　　　(팔
　　　　다리
　　　　머리
　　　　눈
　　　　손
　　　　피
　　　　기타)

(2)의 ICM에서는 부분개념인 "얼굴"과 전체개념인 "몸" 간의 환유관계가 표출된다. 예를 들면 (3가)의 한국어 관용어 *얼굴이 팔리다* '유명해지다'는 사람들이 이런 저런 일로 세상에 알려진 얼굴의 소유자, 즉 사람을 알아보는 것을 나타낸다. (3나)의 *낯을 가리다* '어린아이가 처음 보는 사람을 피하다'는 갓난아이가 낯선 사람을 대하기 싫어하는 것을 나타낸다. (3다)에서 *낯(을) 가리다* '차별 대우를 하다'는 사람을 대하는데 차등을 두는 것을 나타낸다. (3라)의 *낯이 익다* '눈에 익거나 친숙해서 누구를 알아보다'는 여러 번 만난 사람을 바로 알아보는 것

을 나타낸다. (3마, 바)의 *얼굴이 넓다* '아는 사람이 많다'와 *얼굴이 좁다* '아는 사람이 별로 없다'는 아는 사람이 많고 별로 없음을 나타낸다. (3사)의 *얼굴을 내놓다/내밀다/디밀다/비치다* '모임에서 자기 모습을 나타내다'는 누군가에게 직접 자기 신체 전체를 내보이는 것을 나타낸다. 각주 4)에서 언급한 바 있는 (3아)의 *얼굴을 맞대다* '부딪히다'/'만나다'는 누구를 마주 대하는 것을 나타낸다. 여기서 *얼굴*은 몸 전체, 즉 사람으로 이해된다.

(3가) 그는 사람들에게 *얼굴이* 너무 *팔려서* 이제는 거리에 잘 돌아다니지 않는다.

(3나) 우리 손자는 지금 한참 *낯을 가린다.*

(3다) 우리 회사에서 *낯을 가리지* 않고 공평하게 대해주는 분은 김 차장님 뿐이다.

(3라) 우리 어디서 만났나요? *낯이 익어요.*

(3마) 우리 딸은 매사에 긍정적이라서 *얼굴이 넓다.*

(3바) 사업하는 사람이 그렇게 *얼굴이 좁아서야* 되겠나.

(3사) 넌 명절에 *얼굴을 내놓는/내미는/디미는/비치는* 것으로 며느리 역할을 다 했다고 생각하면 오산이다.

(3아) 그와 날마다 *얼굴을 맞대고* 산다는 것은 이만저만한 고역이 아니다.

언급한 한국어 관용어 (3가, 나, 다, 라, 마, 바, 사, 아)에서와 같이 한국인들은 (2)의 ICM의 기반에서 도출되는 환유적 개념구조 [부분개념으로 전체개념을 대신함]에 속하는 [사물의 부분으로 전체사물을 대신함]에 의거하여 *얼굴/낯*으로 전체사물, 즉 사람이나 몸 전체를 표현한다.

(4가)의 독일어 관용어 *jmdm. ins Gesicht lachen* '비웃으면서 누
구를 쳐다보다'는 비웃으면서 얼굴을 포함한 사람 전체를 쳐다보는 것
을 나타낸다. (4나)의 *jmdm. ins Gesicht springen* '누구에게 덤벼들
다'는 공격하기 위해 누구의 신체에 덤벼드는 것을 나타낸다. (4다)의
jmdm. das Handtuch ins Gesicht werfen/schleudern '선전포고를
하다'는 임의의 누군가에게 싸움을 예고하는 것을 나타낸다.

> (4가) Eine Frau, die ich in der U-Bahn gesehen habe, hat *mir*
>   *ins Gesicht gelacht.*
>   '지하철에서 만난 한 여인이 나를 비웃으면서 쳐다보았다.'
> (4나) Ich *springe dir* gleich ins Gesicht.
>   '내가 너에게 덤벼들 거야.'
> (4다) Er hat *mir sein Handtuch ins Gesicht geworfen/geschleudert.*
>   '그는 나에게 선전포고를 했다.'

독일인들도 (4가, 나, 다)의 독일어 관용어에서와 같이 (2)의 ICM
에서 도출되는 환유적 개념구조 〔부분개념으로 전체개념을 대신함〕에
속하는 〔사물의 부분으로 전체사물을 대신함〕에 의거하여 *Gesicht*로
사람이나 신체 전체를 표현한다.

3.1.2. 눈

한국인과 독일인들은 신체의 부분기관인 *눈/Auge(n)*(으)로 신체전
체, 즉 사람을 표현하기도 한다. 눈으로 사람의 몸을 나타내는 ICM은

(1가)의 ICM에 의거하여 (5)와 같이 제시된다.

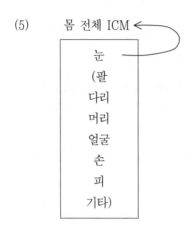

(5)   몸 전체 ICM

눈
(팔
다리
머리
얼굴
손
피
기타)

(5)의 ICM에서는 부분개념인 "눈"과 전체개념인 "몸" 간의 환유관계가 표출된다. 이를 반영하는 (6가)의 한국어 관용어 *눈이 많다* '보는 사람이 많다'는 보는 사람이 많은 것을 나타낸다. (6나)의 *눈이 있다* '보는 사람이 있다'도 쳐다보는 사람들이 있는 것을 나타낸다.

    (6가) 지금은 보는 *눈이 많으니* 나중에 만나서 이야기 하자.
    (6나) 사방에 보는 *눈이 있다.* 아무 일도 없는 것처럼 태연한 척 하자.

한국인들은 (6가, 나)의 한국어 관용어에서와 같이 (5)의 ICM을 기반으로 하는 환유적 개념구조 〔부분개념으로 전체개념을 대신함〕에 속하는 〔사물의 부분으로 전체사물을 대신함〕에 의거하여 눈으로 신체전체, 즉 사람을 나타낸다.

(7가)의 독일어 관용어 *unter vier Augen* '단둘이서'는 사람의 눈

이 2개인 것을 고려하여, 눈이 4개, 즉 당사자인 두 사람이 다른 사람의 동석 없이 비밀리에 대화하는 것을 나타낸다. (7나)의 *vier Augen sehen mehr als zwei* '두 명이 함께 정신을 바짝 차리면 한 명보다 위험에 빠질 확률이 적다.'는 두 명이 한 명보다 더 낫다는 것을 말한다. 여기서 *vier Augen*은 '두 사람'을, *zwei Augen*은 '한 사람'을 나타낸다. (7다)의 *das Auge des Gesetzes* '경찰'에서도 법의 눈, 즉 법을 엄격하게 다스리는 사람, 즉 경찰을 나타낸다. (7라)의 *jmdm. Auge in Auge gegenüberstehen* '누구와 대면하여 서 있다'는 두 사람이 서로 직접 얼굴을 마주 보고 있는 것을 나타낸다. 언급하였듯이 (7가, 나, 다)의 관용어에서 *Augen*은 사람으로, (7라)의 관용어에서 *Auge*는 얼굴로 표현된다.

(7가) Kann ich mit dir mal *unter vier Augen* sprechen?
　　　'너와 단둘이서 이야기할 수 있을까?'

(7나) Ich verstehe nicht, warum du ohne mich dorthin fahren willst, *Vier Augen sehen doch mehr als zwei.*
　　　'왜 네가 나 없이 그곳으로 혼자 가려는지 잘 모르겠어, 두 명이 함께 정신을 바짝 차리면 한 명보다 위험에 빠질 확률이 낮을 텐데 말이야.'

(7다) *Das gestrenge Auge des Gesetzes* duldete kein Parken auf dem Platz vor dem Schloss.
　　　'엄격한 경찰은 성 앞 광장에 주차하는 것을 용인하지 않았다.'

(7라) Demonstranten und Polizisten *standen sich Auge in Auge gegenüber.*
　　　'데모 가담자와 경찰들이 대면하여 서 있었다.'

따라서 독일인들도 (7가, 나, 다, 라)의 독일어 관용어에서와 같이 (5)의 ICM을 기반으로 하는 환유적 개념구조 〔부분개념으로 전체개념을 대신함〕에 속하는 〔사물의 부분으로 전체사물을 대신함〕에 의거하여 *Auge(n)*(으)로 눈을 가진 사람 전체 또는 눈을 포함한 얼굴 전체를 표현한다.

3.1.3. 손

한국인과 독일인들은 신체의 부분기관을 나타내는 *손/Hand*로 사람을 표현하기도 한다. 손으로 사람을 표현하는 ICM은 (1가)의 ICM에 의거하여 (8)과 같이 제시된다.

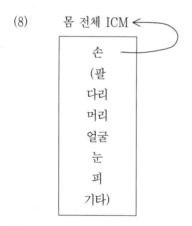

(8)　　　　몸 전체 ICM

　　　　　　손
　　　　　　(팔
　　　　　　다리
　　　　　　머리
　　　　　　얼굴
　　　　　　눈
　　　　　　피
　　　　　　기타)

즉 (8)의 ICM에서는 부분개념인 "손"과 전체개념인 "몸", 즉 사람 간의 환유관계가 표출된다. 이에 의거하여 *손/Hand*로 표출되는 의미를 설명해 보자.

예를 들면 (9가)의 한국어 관용어 *손(이) 달리다/딸리다/모자라다/부족하다* '일손이 모자라다'는 일하는 사람이 부족하다는 것을 나타낸다. (9나)의 *큰손* '대규모로 금전거래를 하는 투자가'는 형용사 *큰*의 의미와 함께 많은 양의 돈을 투자하는 배포가 큰 사람을 나타낸다. 실제로 육체적 노동을 할 때 오른손잡이의 경우 오른손 내지 오른팔은 없어서는 안 되는 노동의 중요한 도구이다. 이러한 이미지에 힘입어 (9다)의 *오른팔* '가장 신임하는 부하직원 내지 동료'는 오른쪽을 이르는 관형사 오른의 이미지에 힘입어 같이 일할 사람으로서 믿음이 가는 없어서는 안 될 아주 중요한 동료나 부하직원을 나타낸다.

> (9가) 큰일을 치러야 할 텐데, *손(이) 달리면/딸리면/모자라면/부족하면* 전화 해, 단숨에 달려 갈게.
> (9나) 주식에서 돈을 벌려면, *큰손*들의 마음을 잘 알아야 해.
> (9다) 사장의 *오른팔*이 누군지 알아야, 출세를 할 수 있다니깐.

한국인들은 (9가, 나, 다)의 관용어에서와 같이 (8)의 ICM에서 도출되는 환유적 개념구조 〔부분개념으로 전체개념을 대신함〕에 속하는 〔사물의 부분으로 전체사물을 대신함〕에 의거하여 손/팔로 신체 전체, 즉 사람을 표현한다.

(10가)의 독일어 관용어 *jmds. rechte Hand* '신임하는 중요한 부하직원이나 동료'도 가장 신임하는 사람을 나타낸다. (10나)의 *durch viele Hände gegangen sein* '자주 소유주가 바뀌었다'는 한 사람이 임의의 물건을 넘겨받고, 또 다른 사람이 이를 다시 넘겨받는 식으로

소유주가 자주 바뀌는 것을 나타낸다. 이 관용어에서 *Hände*는 임의의
물건을 소유하는 사람들로 이해된다. (10다)의 *von Hand zu Hand*
gehen '재빨리 전달되다'는 어떤 사람의 손에 있었던 물건이 다른 사
람의 손으로 재빨리 넘어가는 것을 나타낸다. 이 관용어에서도 *Hand*
는 무엇을 넘겨받은 사람으로 이해된다.

> (10가) Er fühlt sich schon als *die rechte Hand* vom Chef.
> '그는 자기가 사장이 신임하는 아주 중요한 부하직원이라고 생
> 각하고 있다.'
> (10나) Dieses Bild *ist* schon *durch viele Hände gegangen*.
> '이 그림은 자주 소유주가 바뀌었다.'
> (10다) Die Flugblätter *gingen* in den Betrieben *von Hand zu*
> *Hand*.
> '이 선전 삐라는 회사내에서 손에서 손으로 재빨리 전달되었다.'

따라서 독일인들도 (10가, 나, 다)의 관용어에서와 같이 (8)의 ICM
에서 도출되는 환유적 개념구조 [부분개념으로 전체개념을 대신함]에
속하는 [사물의 부분으로 전체사물을 대신함]에 의거하여 *Hand/Hände*
로 사람(들)을 표현한다.

3.1.4. 피

한국인과 독일인들은 신체의 구성성분인 피로 전체개념인 몸이나
사람을 표현하기도 한다. 피로 사람을 표현하는 ICM은 (1가)의 ICM
에 의거하여 (11)과 같이 제시된다.

(11) 몸 전체 ICM

> 피
> (팔
> 다리
> 머리
> 얼굴
> 눈
> 손
> 기타)

즉 (11)에서는 부분개념인 "피"와 전체개념인 "몸", 즉 사람 간의 환유관계가 표출된다. 예를 들면 한국어 문장 (12)에서 *젊은 피* '젊은이/젊은 선수'는 실제로 젊은 사람을 표현한다.

(12) 한국 축구대표팀에도 *젊은 피*가 수혈되어야 한다.

독일어 문장 (13가)에서 *ein junges Blut* '젊은이/젊은 선수'도 젊은 사람을 나타낸다. (13나)의 *sein/ihr eigen Fleisch und Blut* '그의/그녀의/그들의 아이(들)'에서도 *Blut*는 *Fleisch*와 더불어 자식(들), 즉 사람을 표현한다. 피는 혈관을 통해 산소나 영양분을 몸 속 구석구석까지 운반한다. 이러한 점에서 (13다)의 독일어 관용어 *ins Blut gehen* '무엇에 대한 감흥이 몸속으로 전달되다'는 어떤 감흥이 피, 즉 몸속으로 전달되는 것을 나타낸다. (13라)의 관용어 *jmdm. in Fleisch und Blut übergehen* '무엇이 누구의 몸에 배다'는 어떤 행동이 피와 살 속으로 들어가서, 그 행동이 몸에 배어 버리는 것을 표현한다. 여기서도 *Blut*는 *Fleisch*와 함께 신체 전체, 즉 몸을 표현한다.

  (13가) Für unsere Nationalmannschaft wird *ein junges Blut*
         gebraucht.
         '새 국가대표팀에 젊은 선수가 필요하다.'
  (13나) Sie hat *für sein eigen Fleisch und Blut* die anstrengende
         Mutterrolle übernommen.
         '그녀는 그 남자의 아이들을 위해 힘든 엄마의 역할을 받아들였다.'
  (13다) Diese Musik ist mir *ins Blut gegangen*.
         '이 음악에 대한 감흥이 내 몸속으로 전달되었다.'
  (13라) Jeden Morgen gehe ich schwimmen. Das ist mir längst *in
         Fleisch und Blut übergegangen*.
         '나는 매일 아침 수영하러 간다. 이것은 오래전부터 내 몸에 배
         었다.'

  한국인과 독일인들은 언급한 (12)와 (13가, 나, 다, 라)의 관용어에
서와 같이 (11)의 ICM에서 도출되는 환유적 개념구조 [부분개념으로
전체개념을 대신함]에 속하는 [사물의 부분으로 전체사물을 대신함]
에 의거하여 피/*Blut*로 사물 전체, 즉 사람 또는 몸을 표현한다.

  한국인과 독일인들은 환유적 개념구조 [부분개념으로 전체개념을
대신함]에 속하는 [사물의 부분으로 전체사물을 대신함]에 의거하여
몸의 일부를 명명하는 얼굴/낯/*Gesicht*, 눈/*Auge(n)*, 손/팔/*Hand/
Hände*, 피/*Blut*로 사물 전체, 즉 사람이나 몸 전체를 표현한다.

3.2. [전체개념으로 부분개념을 대신함] : [전체사물로 그 사물의 부분을 대신함]

한국인과 독일인들은 사물 전체로 그 사물의 부분을 표현하기도 한다. 이 환유관계는 (1나)의 ICM에서 도출되는 환유적 개념구조 [전체개념으로 부분개념을 대신함]에 속하는 [전체사물로 그 사물의 부분을 대신함]으로 설명된다. 먼저 눈, 입 등으로 구성된 전체개념인 얼굴로 그의 부분기관인 눈과 입을 표현하는 경우를 보자.

3.2.1. 얼굴

(1나)의 ICM에 의거한 얼굴 전체 ICM (14)를 보자.

(14)   얼굴 전체 ICM

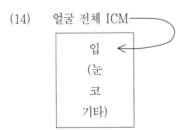

(14)의 ICM에서는 전체개념인 "얼굴"과 부분개념인 "입"과의 환유관계가 표출된다. 예를 들면 (3아)에서 '부딪히다' 또는 '만나다'의 의미로 사용된 한국어 관용어 *얼굴을 맞대다*는 (15)의 문장에서는 '함께 의논하다'의 의미로 사용된다. (15)에서 이 관용어는 머리를 맞대어 특별한 테마에 관해 심도 있게 의견을 주고받는 것을 나타낸다. (16)

의 독일어 관용어 *sich eine ins Gesicht stecken* '담배에 불을 붙이다'는 입에 물고 있는 담배에 불을 붙이는 것을 표현한다.

    (15) 우리 둘은 *얼굴을 맞대고* 앞으로의 대책을 강구하였다.

    (16) Augenblickchen! Ich möchte *mir* mal zuerst *eine ins Gesicht stecken*

        '잠깐만요! 저 먼저 담배에 불을 좀 붙여야겠어요.'

    한국인과 독일인들은 (15)와 (16)의 한국어와 독일어 관용어에서와 같이 (14)의 ICM을 근거로 하는 환유적 개념구조〔전체개념으로 부분개념을 대신함〕에 속하는〔전체사물로 그 사물의 부분을 대신함〕에 의거하여 *얼굴/Gesicht*로 얼굴의 일부인 말하는 입 그리고 담배를 물고 있는 입을 표현한다.

    한국인과 독일인들은 얼굴로 눈을 표현하기도 한다. 이는 (1나)의 ICM에서 도출되는 (17)의 ICM으로 설명된다.

    (17)   얼굴 전체 ICM

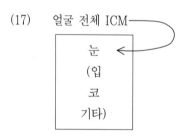

    (17)의 ICM에는 전체개념인 "얼굴"과 부분개념인 "눈"의 환유관계가 표출된다. 예를 들면 (18)의 한국어 관용어 *얼굴/낯을 돌리다* '외면하다'는 상대한 사람과 마주 대하기가 싫어서 눈을 다른 쪽으로 돌리는

것을 표현한다.

(18) 김 과장의 어린 딸은 내가 말을 걸면 *얼굴/낯을 돌려버린다.*

(18)의 한국어 관용어에서와 같이 한국인들은 (17)의 ICM을 근거로 하는 환유적 개념구조 〔전체사물로 그 사물의 부분을 대신함〕에 의거하여 *얼굴/낯*으로 얼굴의 부분기관인 눈을 표현한다.

(19가)의 독일어 관용어 *jmdm. nicht ins Gesicht sehen können* '양심의 가책을 받아서 누구의 시선을 견뎌내지 못하다'는 양심의 가책으로 누구와 눈을 마주치는 것을 꺼려하는 것을 나타낸다. (19나)의 *jmdm. zu Gesicht kommen* '누구의 눈앞에 나타나다'/'누구의 눈에 띄다'는 어떤 대상이 누군가의 시야, 즉 눈앞에 나타나서 보이게 되는 것을 나타낸다.

(19가) Er konnte seit dem Vorfall *seinem Vater nicht mehr ins Gesicht sehen.*
'그는 그 사건 이후로 더 이상 아버지의 시선을 견뎌 내지 못했다.'
(19나) Wenn du dein Zimmer nicht aufräumst, dann brauchst du *mir* nicht *zu Gesicht* zu *kommen.*
'네 방 치우지 않으면, 내 눈앞에 나타나지 마.'

독일인들도 언급한 (19가, 나)의 독일어 관용어에서와 같이 (17)의 ICM에서 도출되는 환유적 개념구조 〔전체사물로 그 사물의 부분을 대신함〕에 의거하여 *Gesicht*로 시각기관인 눈, 즉 시야를 표현한다.

3.2.2. 눈

시각기관(視覺器官)인 눈은 임의의 사물을 직접 보고 관찰하는 시각 행위를 통해 얻은 정보들을 뇌로 전달하는 기능을 한다. 이러한 기능 때문에 사람들은 눈을 통해 외부세계와 시각적인 접촉을 하면서 특정한 대상이나 사건 등에 관한 지적 내지 정서적 경험을 한다. 즉, 사람들은 사물이나 사건 등을 직접 보거나 관찰하게 되면, 두뇌의 작업 그리고 마음의 상상을 통해 그것에 대해 관심을 갖게 되고, 좀 더 자세히 알게 되고, 판단을 하게 되고, 마치 지나간 어떤 특정한 과거의 사건이 현실에서도 일어나는 것처럼 상상하기도 한다.20) 이러한 세상경험들은 *얼굴/Gesicht*가 시각기관인 눈으로 환유될 때에 반영된다. 그래서 한국인과 독일인들은 환유와 은유의 혼용을 통해 *얼굴/Gesicht*를 관심, 앎, 판단, 관계, 현실의 개념으로 표현한다. 이러한 한국인과 독일인들의 언어사용은 (17)의 ICM에서 도출되는 환유적 개념구조 〔전체개념으로 부분개념을 대신함〕에 속하는 〔전체사물로 그 사물의 부분을 대신함〕과 은유적 개념구조 〔관심은 보는 것〕, 〔앎은 보는 것〕, 〔판단은 보는 것〕, 〔관계는 보는 것〕, 〔상상은 보는 것〕으로 설명된다. 언급한 은유적 개념구조들에서 출발개념은 눈의 물리적인 시각행위이므로, 이를 부각시키기 위해 출발개념을 "눈"으로 표기하지 않고, "보는 것"으로 표기한다.21) 먼저 환유적 개념구조 〔전체개념으로 부분개

---

20) 이에 관한 좀 더 자세한 내용은 *눈/Auge(n)*의 은유의미를 다루는 4.1.1.을 참조하기 바란다.

21) 예를 들면 은유적 개념구조 〔관심은 보는 것〕이 〔관심은 눈〕보다 훨씬 쉽게 이해된다. 따라서 그 이외의 개념구조들도 〔앎/판단/관계/상상은 보는 것〕으로 표기한다.

념을 대신함]에 속하는 [전체사물로 그 사물의 부분을 대신함]과 은유적 개념구조 [관심은 보는 것]에 의거하여 표출되는 *얼굴/Gesicht*의 의미를 보자.

1) [전체사물로 그 사물의 부분을 대신함] + [관심은 보는 것]

예를 들면 한국어 관용어 *얼굴/낯을 돌리다*는 (18)에서는 '외면하다'의 의미로 사용된다. 이때 *얼굴/낯*은 시각기관인 눈으로 환유된다. 그러나 이 관용어는 (20)에서는 '관심을 돌리다'의 의미로 사용된다. 여기서 *얼굴/낯*은 관심으로 이해된다. 무언가를 직접 눈으로 보면, 그에 관해 관심을 갖게 되는 세상경험 때문인 것으로 본다.

(20) 학생들은 인문학 분야에 *얼굴/낯*을 돌려서는 안 된다.

(20)의 관용어에서와 같이 한국인들은 (17)의 ICM에서 도출되는 환유적 개념구조 [전체사물로 그 사물의 부분을 대신함]에 의거하여 *얼굴/낯*으로 눈을 표현하고, 시각행위를 하는 눈을 다시 은유적 개념구조 [관심은 보는 것]에 의거하여 관심으로 표현한다.

한국인과 달리 독일인들은 *Gesicht*로 앎, 판단, 관계, 상상의 개념을 표현한다. 먼저 *Gesicht*로 앎의 개념을 표현하는 경우를 보자.

2) [전체사물로 그 사물의 부분을 대신함] + [앎은 보는 것]

(21)의 독일어 관용어 *das zweite Gesicht* '예언능력'은 앞으로 다가올 일을 꿰뚫어 보고 미리 알아내는 능력을 나타낸다. 따라서 이 관

용어에서 *Gesicht*는 무엇을 알아내는 기관으로 인지된다.22)

(21) Die biblischen Propheten hatten *das zweite Gesicht*.
'성서의 예언자들은 예언능력을 갖고 있었다.'

(21)의 관용어에서와 같이 독일인들은 (17)의 ICM에서 도출되는 환유적 개념구조 〔전체사물로 그 사물의 부분을 대신함〕에 의거하여 *Gesicht*로 눈을 표현하고, 눈을 다시 은유적 개념구조 〔앎은 보는 것〕에 의거하여 무엇을 보는 시각행위를 통해 무엇을 알게 되는 것, 즉 앎의 개념으로 표현한다.

3) [전체사물로 그 사물의 부분을 대신함] + [판단은 보는 것]

(22)의 독일어 관용어 *einer Sache ins Gesicht sehen* '상황을 현실적으로 판단해서 대책을 세우다'는 상황의 진실을 바로 보고, 대책 마련 등을 위해 정확하게 판단하는 것을 나타낸다.

(22) Wenn wir eine Katastrope vermeiden wollen, müssen wir *der Situation ins Gesicht sehen*.
'우리가 재앙을 피하려면, 상황을 현실적으로 판단해서 대책을 세워야 한다.'

---

22) 얼굴을 눈으로 환유하고, 눈을 다시 앎으로 은유하는 한국인의 언어사용을 찾지는 못했다. 그러나 *천리안(千里眼)* '천 리 밖의 것을 내다 볼 수 있는 안력(眼力), 즉 사물을 꿰뚫어 보거나 그의 의미까지 볼 수 있는 능력'은 독일어의 *das zweites Gesicht*의 의미와 유사하게 사용된다. 따라서 앎의 개념을 한국인은 눈, 즉 안(眼)으로, 그리고 독일인들은 *Gesicht*로 표현한다.

이 관용어에서 독일인들은 (17)의 ICM을 기반으로 하는 환유적 개념구조 〔전체사물로 그 사물의 부분을 대신함〕에 의거하여 *Gesicht*로 눈을 나타내고, 다시 시각행위의 주체기관인 눈을 은유적 개념구조 〔판단은 보는 것〕에 의거하여 판단의 개념으로 표현한다.

4) 〔전체사물로 그 사물의 부분을 대신함〕 + 〔관계는 보는 것〕

(23)의 독일어 관용어 *jmdn. aus dem Gesicht verlieren* '누구와의 관계가 소원하다'는 누군가가 눈에서 멀어짐으로 해서, 다시 말하면 그를 보지 못하게 되면서 그와의 관계가 멀어지는 것을 표현한다.

(23) Ich *verlor* wegen meiner Freundin *meinen besten Freund aus dem Gesicht.*
'나는 여자 친구 때문에 가장 친한 친구와 관계가 소원해졌다.'

(23)의 관용어에서 언급하였듯이 독일인들은 환유적 개념구조 (17)의 ICM에서 도출되는 〔전체사물로 그 사물의 부분을 대신함〕에 의거하여 *Gesicht*로 눈을 나타내고, 눈을 다시 은유적 개념구조 〔관계는 보는 것〕에 의거하여 맺고 끊는 관계로 표현한다.

5) 〔전체사물로 그 사물의 부분을 대신함〕 + 〔상상은 보는 것〕

(24)의 *etw* (Dativ). *ins Gesicht sehen* '무엇을 현실로 받아들이다'는 시야에 들어오는 현재의 장면을 보고, 이를 어떤 특정한 과거의 사건에 관한 실제 장면으로 상상하는 것을 나타낸다.

(24) In Ho-Chi-Minn Stadt *sieht* man immer noch *dem Vietnamkrieg ins Gesicht.*
'호치민시에서는 여전히 베트남전쟁을 현실로 받아들이게 된다.'

(24)의 관용어에서 언급하였듯이 독일인들은 (17)의 ICM에서 도출되는 환유적 개념구조 〔전체사물로 그 사물의 부분을 대신함〕에 의거하여 *Gesicht*로 눈을 나타내고, 눈을 다시 은유적 개념구조 〔상상은 보는 것〕에 의거하여 과거 사건이 현실로 표출되는 것으로 상상하는 것을 표현한다.

한국인과 독일인들은 환유적 개념구조 〔전체개념으로 부분개념을 대신함〕에 속하는 〔전체사물로 그 사물의 부분을 대신함〕에 의거하여 *얼굴/Gesicht*로 그 사물의 부분인 눈과 입을 표현한다. 사람들이 시각행위를 통해 직접 본 사물이나 사건 등에 관해 관심을 갖게 되고, 더 자세히 알게 되고, 판단을 하게 되고, 과거의 사건이 현실에서 일어나고 있는 것으로 상상하기 때문이다. 눈의 시각행위를 통해서 하게 되는 이러한 세상경험들은 특히 *얼굴/Gesicht*가 시각기관인 눈으로 환유될 때 반영된다. 이 경우 한국인과 독일인들은 환유와 은유를 혼용하여, *얼굴/Gesicht*의 의미를 표현한다. 즉 한국인들은 환유적 개념구조 〔전체개념으로 부분개념을 대신함〕에 속하는 〔전체사물로 그 사물의 부분을 대신함〕와 은유적 개념구조 〔관심은 보는 것〕에 의거하여 *얼굴/Gesicht*를 관심의 개념을 표현한다. 독일인들은 환유적 개념구조 〔전체사물로 그 사물의 부분을 대신함〕와 은유적 개념구조 〔앎은 보는 것〕, 〔판단은 보는 것〕, 〔관계는 보는 것〕, 〔상상은 보는 것〕에

의거하여 *얼굴/Gesicht*를 앎, 판단, 관계, 상상의 개념으로 표현한다.[23)]

3.3. [전체개념으로 부분개념을 대신함] : [범주로 정의 속성을 대신함]

사람들은 신체기관으로 인간의 다양한 속성들을 표현한다. 이러한 언어사용은 환유적 개념구조 [전체개념으로 부분개념을 대신함]에 속하는 [범주로 정의 속성을 대신함]으로 설명된다.[24)] 범주와 속성 간의 환유관계를 나타내는 개념구조 [범주로 정의 속성을 대신함]은 임의의 범주가 여러 가지 속성들로 이루어진 하나의 복합개념의 범주로 정의될 때, 그리고 그 속성들이 해당 범주의 부분개념이 될 때 적용된다. 범주와 그의 속성들 간의 환유관계는 (1나)의 ICM을 기반으로 하는 (25)의 ICM으로 설명된다.

(25)　　범주 전체 ICM

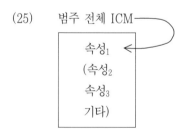

---

23) 왜 한국인과 독일인들이 눈을 서로 다른 의미로 은유하는가에 관해서는 정확한 증거를 찾지 못했다.
24) 환유적 개념구조 [범주로 정의 속성을 대신함]에 관해서는 Kövecses(2003 : 274f.)를 참조하기 바란다.

즉 (25)의 ICM에는 범주 전체개념과 그의 부분개념, 즉 "속성$_1$"과의 환유관계가 표출된다. 예를 들면 누군가가 정신적 장애로 인해 사회생활 적응에 문제가 있다고 하자. 이 상황에서 사람들은 그를 지능이 떨어지고, 사회생활에 적응하지 못하고, 판단력이 부족한 정신장애자 내지 바보로 연상한다. 이에 의거하면 정신장애자는 언급한 속성들로 이루어진 하나의 복합개념의 범주로 정의된다. 따라서 정신장애자의 전체 ICM은 (25)의 ICM에 의거하여 (26)과 같이 제시된다.

(26)   범주 정신장애자 전체 ICM ─────

> 속성$_1$: 지능이 낮음. ←
> (속성$_2$: 사회생활 부적응.
> 속성$_3$: 판단력 부족.
> 속성$_4$: 어리석음.
> 기타)

예를 들면 (26)의 ICM에서는 정신장애자인 전체개념의 범주로 그의 부분개념인 "속성$_1$: 지능이 낮음."을 표출하는 환유관계가 제시되고 있다. 이와 관련하여 (27)과 (28)의 한국어와 독일어 문장을 보자.

(27) 김 씨네 넷째 아들이 *정신장애자*라 특수학교에 입학했대.
(28) *Sein Sohn, der eine geistige Behinderung hat*, muss zur Sonderschule gehen.
    '정신장애를 겪고 있는 그의 아들은 특수학교에 가야 한다.'

한국인과 독일인은 (26)의 ICM을 근거로 하는 환유적 개념구조

〔전체개념으로 부분개념을 대신함〕에 속하는 〔범주로 정의 속성을 대신함〕에 의거하여 (27)과 (28)에서 *정신장애자*와 *sein Sohn, der eine geistige Behinderung hat* '정신장애를 겪고 있는 그의 아들'로 지능이 낮다는 속성을 표현한다.

범주와 그것의 속성들과의 환유적 맥락에서 한국인과 독일인들은 얼굴, 손, 피 같은 신체기관으로 다양한 속성들을 표출한다. 먼저 얼굴의 경우를 보자.

3.3.1. 얼굴

얼굴은 나이나 성, 인종뿐만 아니라 성격, 직업, 사회적 신분 등 인간의 여러 가지 속성들을 표출하는 대표 신체기관이다. 그래서 사람들은 상대방의 얼굴을 보고 그가 갖고 있는 여러 가지 속성이나 특성들을 알아낸다. 예를 들면 외모를 중시하는 현대인들에게 얼굴은 자기를 표현하는 중요한 수단이다. 아울러 얼굴은 사람들의 내면적인 본성이나 성격, 그리고 사회적인 체면이나 신분을 표출하기도 한다. 이러한 속성들을 종합하면, 얼굴은 인간의 외형적, 사회적, 내면적 속성들을 표출하는 하나의 복합개념의 범주로 정의된다. 복합개념의 범주인 얼굴과 그의 속성들 간의 환유관계는 (25)의 ICM에 의거하여 (29가, 나, 다)의 ICM으로 제시된다.

(29가)   범주 얼굴전체 ICM

> 속성$_1$: 외형적 속성 ←
> (속성$_2$: 사회적 속성
> 속성$_3$: 내면적 속성
> 기타)

(29나)   범주 얼굴전체 ICM

> 속성$_2$: 사회적 속성 ←
> (속성$_1$: 외형적 속성
> 속성$_3$: 내면적 속성
> 기타)

(29다)   범주 얼굴전체 ICM

> 속성$_3$: 내면적 속성 ←
> (속성$_1$: 외형적 속성
> 속성$_3$: 사회적 속성
> 기타)

(29가)의 ICM은 얼굴전체개념의 범주와 부분개념인 "속성$_1$: 외형적 속성" 간의 환유관계를 보여주고 있고, (29나, 다)의 ICM은 얼굴전체개념의 범주와 부분개념 "속성$_2$: 사회적 속성" 간의 환유관계 그리고 얼굴전체개념의 범주와 부분개념 "속성$_3$: 사회적 속성" 간의 환유관계를 보여주고 있다. 먼저 (29가)의 ICM에서 제시되고 있듯이, 얼굴/*Gesicht*로 외형적 속성을 표현하는 경우를 보자.

1) [얼굴로 외형적 속성을 대신함]

예를 들면 (30가)의 한국어 관용어 *얼굴을 고치다*[25] '화장을 다시 하다'는 좀 더 예뻐 보이기 위해 흐트러진 얼굴 모양새를 화장으로 다시 다듬는 것을 나타낸다. (30나)의 *얼굴을 팔다* '잘난 것을 이용하여 이득을 얻다'는 잘 생긴 얼굴 생김새의 대가로 이득을 얻는 것을 나타낸다. *얼굴값을 하다* '얼굴이 잘 생긴 만큼 그에 걸맞은 일을 하다'는 (30다)에서는 얼굴은 잘 생겼는데 이와 달리 잘못된 마음가짐으로 인해 행실이 별로 좋지 않다고 하는 부정적인 의미로, 그리고 (30라)에서는 얼굴이 잘 생긴 만큼 그에 맞는 행동과 품위를 지킨다고 하는 긍정적인 의미로 사용된다.[26]

> (30가) 걔는 연예인처럼 자주 화장케이스를 꺼내 *얼굴을 고친다*.
> (30나) 잘난 *얼굴 팔아서* 사업을 시작하더니, 결국 부도에 주저앉고 말았군.
> (30다) 여자는 수더분하게 생겨야 해. 얼굴 반반하면 꼭 *얼굴값을 한다*니까.
> (30라) *얼굴값을 한* 미남 삼촌은 그일 이후로 동네의 인기인이 되었다.

(30가, 나, 다, 라)의 한국어 관용어에서 보았듯이 한국인들은 (29가)의 ICM을 근거로 하는 환유적 개념구조 [전체개념으로 부분개념을 대신함]에 속하는 [범주로 정의 속성을 대신함]의 하위개념구조

---

25) *얼굴을 고치다*는 '성형을 하다'의 의미로도 사용된다. 이 경우에도 *얼굴*은 외형적 생김새로 이해된다.
26) *얼굴값*은 '잘 생기고 못 생긴 얼굴 생김생김에 어울리는 행동'을 말하며, 속된 표현은 *꼴값*이다. *꼴값*의 *꼴*은 사람의 생김새로서 외형적 속성을 낮추어 하는 말이다.

〔얼굴로 외형적 속성을 대신함〕에 의거하여 *얼굴/Gesicht*로 외형적 생김새를 표현한다.27)

　(31)의 독일어 관용어 *jmdm. wie aus dem Gesicht geschnitten sein* '누구와 매우 닮다'도 누구의 얼굴 생김새가 다른 누구의 그것과 비슷하다는 것을 나타낸다.

> (31) Sie ist *ihrer Mutter wie aus dem Gesicht geschnitten.*
> 　　'그 여자는 자기 엄마와 매우 닮았다'

　독일인들도 (31)의 독일어 관용어에서와 같이 (29)의 ICM을 근거로 하는 환유적 개념구조 〔전체개념으로 부분개념을 대신함〕에 속하는 〔범주로 정의 속성을 대신함〕의 하위개념구조 〔얼굴로 외형적 속성을 대신함〕에 의거하여 *Gesicht*로 외형적인 생김새를 표현한다.

2) 〔얼굴로 사회적 속성을 대신함〕

　한국인과 독일인들은 얼굴로 사람들의 사회적 신분이나 체면 등을 표현한다. 예를 들면 (30나)에서 '잘난 것을 이용하여 이득을 얻다'의 의미로 사용되는 한국어 관용어 *얼굴을 팔다*는 (32)에서는 '잘난 사회적 신분을 이용하여 무엇에 대한 이득을 얻다'의 의미로 사용된다.

---

27) 한국인들은 (i)에서 사용되는 *얼굴마담*을 어떤 집단이나 분야의 외형적 내지는 내면적 특징을 대표하는 사람으로 나타낸다 : (i) 두 선수는 연봉순위에서도 1, 2위를 다투는 미국프로야구의 *얼굴마담*이다. 여기서 *얼굴*은 환유적 개념구조 〔범주로 정의 속성을 대신함〕에 의거하여 대화상황에 따라 어떤 분야나 집단의 외형적 또는 내면적 이미지 속성으로 이해된다.

(32) 정치가가 *얼굴을 팔고* 다니니, 이 나라가 잘 되겠는가?

(32)의 관용어에서와 같이 한국인들은 환유적 개념구조 (29나)의 ICM을 근거로 하는 [전체개념으로 부분개념을 대신함]에 속하는 [범주로 정의 속성을 대신함]의 하위개념구조 [얼굴로 사회적 속성을 대신함]에 의거하여 *얼굴*로 사회적 신분을 표출한다.

사회적 신분에 걸맞거나 걸맞지 않은 언행은 사회적 체면유지 또는 체면손상으로 이어진다. 예를 들면 (33가)의 한국어 관용어 *얼굴을 보다* '체면을 세워 주다'는 다른 사람의 체면을 배려하기 위해 어떤 행동을 하는 것을 나타낸다. (33나)의 *얼굴/낯을 세우다* '체면을 지켜 주거나 명예롭게 하다'는 어떤 행동을 함으로써 다른 누군가의 체면이나 명예가 손상당하지 않는 것을 나타낸다. (33다)의 *낯/얼굴이 서다* '떳떳하다'/'체면을 유지하다'는 어떤 행동으로 인해 다른 사람과의 관계에서 체면이 유지되는 것을 나타낸다. (33라)의 *얼굴/낯이 깎이다* '망신을 당하다'는 잘못한 언행으로 자신의 명예나 체면이 깎이는 것을 나타낸다.[28] (33마)의 *얼굴을 더럽히다* '명예나 체면을 손상시키다'는 얼굴을 더럽힐 정도로 비도덕적인 행동을 해서 체면이나 위신에 흠이 가는 것을 나타낸다. (33바)의 *얼굴에 똥칠/먹칠(을) 하다* '망신시키다'는 좋지 않은 행동을 해서 얼굴에 똥칠이나 먹칠을 한 것처럼 보일 정도로 체면이 손상당하는 것을 나타낸다. (33사)의 *얼굴에 침을 뱉다* '모욕을 주다'는 자기 얼굴에 누군가가 침을 뱉으면 모욕감을 느끼게

---

28) *얼굴을 깎다* '체면을 잃게 만들다'도 유사하게 설명된다.

되듯이, 어떤 행동이 누군가의 체면에 누를 입히는 것을 나타낸다. 떳떳하지 못한 행동으로 남에게 비난을 받으면 본능적으로 얼굴을 감추려고 고개를 숙이게 되는데, 이에 비유되는 (33아)의 *얼굴/낯을 못 들다* '창피하고 난처한 처지가 되다'는 떳떳하지 못한 일로 체면을 구기는 것을 나타낸다.[29]

> (33가) 네 아버지의 *얼굴을 봐서*, 이번에는 용서해 주겠다.
> (33나) 얼굴 깎이는 일은 그만 하고, 앞으로는 *얼굴/낯을 세우는* 일을 해라.
> (33다) 너에게 진 빚을 다 갚으니, 이제야 내 *낯/얼굴이 선다*.
> (33라) 그는 지난 번 행동으로 *얼굴/낯이 많이 깎였다*.
> (33마) 그 집 아들은 대낮부터 술을 마시고 다니면서 아버지의 *얼굴을 더럽힌다*.
> (33바) 설마 아버지 *얼굴에 똥칠/먹칠하는* 짓은 하지 않겠지.
> (33사) 내가 어떻게 형을 욕하겠어. 내 *얼굴에 침을 뱉는* 꼴이지.
> (33아) 사기꾼 자식 하나 둔 죄로 *얼굴/낯을 못 들겠구나*.

(33가, 나, 다, 라, 마, 바, 사, 아)의 관용어에서와 같이 한국인들은 (29나)의 ICM을 근거로 하는 환유적 개념구조 [전체개념으로 부분개념을 대신함]에 속하는 [범주로 정의 속성을 대신함]에 속하는 개념구조 [얼굴로 사회적 속성을 대신함]에 의거하여 *얼굴/낯*으로 사회적 체면을 표현한다.

(34가)의 독일어 관용어 *Gesicht verlieren*[30] '체면/명망/신용을

---

29) *얼굴/낯을 들 수/내 놓을 수 없다*, *얼굴/낯을 떨구다/숙이다*도 유사하게 설명된다.
30) 이는 영어의 관용어 *lose face*에서 차용된 것이다(Duden 2008 : 279).

잃다'는 실망스러운 행동으로 본인의 체면, 명망, 신용 등을 잃는 것을
나타낸다. (34나)의 *das Gesicht wahren*[31] '체면을 지키다'는 지금
까지 얻어온 사회적 명성을 잃지 않기 위해 적절한 행동을 하면서 체
면 유지를 하는 것을 나타낸다. 누구에게 얼굴을 구타당하면 모욕감
때문에 체면이 구기게 되는데, (34다)의 *für jmdn. ein Schlag ins
Gesicht sein* '누구에 대한 모욕이다'가 바로 그런 상황을 나타낸다.

> (34가) Russland wird *das Gesicht verlieren*, wenn es jetzt
> militärische Aktionen auf der Krim nicht aufgibt.
> '러시아는 지금 크림반도에서의 무력시위를 포기하지 않으면
> 체면/명망을 잃을 것이다.'
>
> (34나) Er hat keine Chance mehr, *das Gesicht* zu *wahren*.
> '그는 더 이상 체면을 지킬 기회가 없다.'
>
> (34다) Das *ist für mich ein Schlag ins Gesicht*.
> '그것은 나에 대한 모욕이다.'

 (34가, 나, 다)에서와 같이 독일인들도 (29나)의 ICM에서 도출 가
능한 환유적 개념구조 [전체개념으로 부분개념을 대신함]에 속하는
[범주로 정의 속성을 대신함]의 하위개념구조 [얼굴로 사회적 속성을
대신함]에 의거하여 *Gesicht*로 사회적 체면을 표현한다.

 독일인들은 *Gesicht*로 상대방의 사회적 체면을 고려하지 않고 면전
(面前)[32]에 대고 직접 자기 의견을 표현하는 뻔뻔함 내지 무례함을 표
현하기도 한다.[33] 예를 들면 (35가)의 독일어 관용어 *jmdm. etw.*

---

31) 이는 영어 관용어 *save one's face*에서 차용된 것이다(Duden 2008 : 279f.).
32) "面前"의 "面"은 "낯"을 이르기도 한다.

ins Gesicht sagen '무엇을 누구에게 거리낌 없이 말하다'는 누구의
체면을 고려하지 않은 채 면전에 대고 자기의견을 말해 버리는 것을
나타낸다. (35나)의 *jmdm. ins Gesicht lügen* '누구를 뻔뻔하게 속이
다'는 면전에서 누군가를 뻔뻔하게 속이는 것을 나타낸다. (35다)의
jmdm. Grobheiten ins Gesicht sagen '누구에게 무례한 말을 하다'
는 면전에 대고 직접 뻔뻔하고 무례하게 말을 내뱉는 것을 나타낸다.

> (35가) Der Bürgermeister hat *den Bürgern seine Meinung über*
> *den Stadionneubau ins Gesicht gesagt.* Sie waren davon
> sehr enttäuscht.
> '시장은 시민들에게 신구장 건설에 관한 자기의 생각을 거리낌
> 없이 말했다. 시민들은 몹시 실망했다.'
> (35나) Dieser Bursche hat *mir ins Gesicht gelogen*, als er
> sagte, er sei noch ledig.
> '이 청년은 여전히 총각이라고 하면서 뻔뻔하게 나를 속였다.'
> (35다) Der Dekan *sagt jedem Professor Grobheiten ins Gesicht.*
> '학장은 모든 교수들에게 무례하게 말을 한다.'

(35가, 나, 다)의 관용어들에서 언급하였듯이, 독일인들은 (29나)의
ICM에서 도출되는 환유적 개념구조 [범주로 정의 속성을 대신함]에
속하는 [얼굴로 사회적 속성을 대신함]에 의거하여 *Gesicht*로 상대방의
사회적 체면을 고려하지 않고 행하는 무례함이나 뻔뻔함도 표현한다.

---

33) 이러한 뻔뻔하게 무례한 행위를 한국인들은 얼굴두께 같은 환유적 매개체로 표현
하는데, 이에 관해서는 3.4.1.의 3)을 참조하기 바란다.

3) [얼굴로 내면적 속성을 대신함]

한국인과 독일인들은 *얼굴/Gesicht*로 본성이나 성격 같은 인간의 내면적 속성을 표현하기도 한다. 예를 들면 한국인들은 누군가가 여러 가지 긍정적인 혹은 부정적인 내면적 특성이나 속성을 갖고 있는 것을 (36)의 관용어 *얼굴이 여러 개다* '여러 가지 특성을 갖고 있다'로 표현한다.

(36) 그 사람은 *얼굴이 여러 개다*. 조심해라.

(36)의 한국어 관용어에서와 같이 한국인들은 (29다)의 ICM에서 도출되는 환유적 개념구조 [전체개념으로 부분개념을 대신함]에 속하는 [범주로 정의 속성을 대신함]의 하위개념구조 [얼굴로 내면적 속성을 대신함]에 의거하여 *얼굴*로 인간의 내면적 속성을 표현한다.

(37가)의 *viele Gesichter haben* '다양한 내면적 특성을 갖고 있다'는 (36)의 한국어 관용어 *얼굴이 여러 개다*와 마찬가지로 사람들이 여러 가지 내면적 특성이나 속성을 많이 갖고 있는 것을 나타낸다. (37나)의 독일어 관용어 *sein wahres Gesicht zeigen* '본심을 드러내다'는 있는 그대로의 성격이나 속성을 드러내는 것을 나타낸다. (37다)의 *jmdm. zu Gesicht stehen* '누구답다'는 누구의 언행이나 생각이 그의 본성을 그대로 보여준다는 것을 나타낸다. (37라)의 *jmdm. die Larve/Maske vom Gesicht reißen* '누구의 정체를 들추어내다'는 숨겨진 약점이나 결점을 폭로하여 원래의 성격을 들추어내는 것을 나타낸다.

(37가) Er *hat viele Gesichter.*
'그는 아주 다양한 특성을 갖고 있다.'

(37나) Der Außenminister hat erst heute *sein wahres Gesciht gezeigt.*
'외무부장관은 오늘에서야 비로소 자기 본색을 드러냈다.'

(37다) Was du sagst, *steht dir zu Gesicht.*
'네가 한 말은 너답다.'

(37라) Wenn du nicht die Wahrheit sagst, dann *reiße* ich *dir die Larve/Maske vom Gesicht.*
'진실을 말하지 않으면, 너의 정체를 폭로할거야.'

그러므로 독일인들도 독일어 관용어 (37가, 나, 다, 라)에서 언급하였듯이 (29다)의 ICM에서 도출 가능한 환유적 개념구조 [범주로 정의 속성을 대신함]의 하위개념구조 [얼굴로 내면적 속성을 대신함]에 의거하여 *Gesicht*로 인간의 다양한 내면적 속성들을 표현한다.

(38)의 독일어 관용어 *der Wahrheit ins Gesicht schlagen* '뻔뻔하게 진실을 왜곡하다'는 은폐의 목적으로 진실을 마음속으로 숨기는 것을 나타낸다.

(38) Putin *schlägt* mit dem angebotenen Referendum *der Wahrheit ins Gesicht.*
'푸틴은 국민투표를 제안함으로써 뻔뻔하게 진실을 왜곡하고 있다.'

(38)의 독일어 관용어에서도 독일인들은 (29다)의 ICM을 기반으로 하는 환유적 개념구조 [범주로 정의 속성을 대신함]의 하위개념구조 [얼굴로 내면적 속성을 대신함]에 의거하여 *Gesicht*로 인간의 내면적

인 마음 내지 마음씨를 표현한다.

3.3.2. 피

신체의 일부인 피도 여러 가지 속성으로 연상된다. 예를 들면 한국인이 그리 많지 않은 외국에서 한국인을 만날 경우, 같은 피를 나눈 혈육 같은 남다름을 느낄 것이다. 전쟁 상황에서 누군가가 피를 흘린다면, 이는 바로 살해, 죽음, 부상 등을 연상할 것이다. 누군가가 그의 아버지도 그랬듯이 피아노를 아주 잘 친다면, 이 재능을 아버지의 피로부터 물려받은 유전적인 것으로 생각할 것이다. 그 이외에도 사람들은 피로 인간의 따뜻한 정이나 감정을 느끼기도 한다. 언급하였듯이, 피도 여러 가지 속성들을 연상시키므로, 부분개념들, 즉 언급한 여러 가지 속성들로 이루어진 하나의 복합개념의 범주로 규정된다. 복합 범주인 피로 그의 여러 가지 속성을 나타내는 환유관계는 (25)의 ICM에 의거하여 (39가, 나, 다, 라, 마)와 같은 ICM으로 설명된다.

(39가)　　범주 피 전체 ICM

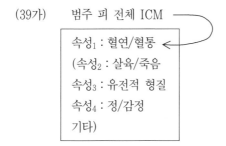

속성$_1$: 혈연/혈통
(속성$_2$: 살육/죽음
속성$_3$: 유전적 형질
속성$_4$: 정/감정
기타)

(39나)　　범주 피 전체 ICM ⌐

> 속성$_2$: 살육/죽음 ←
> (속성$_1$: 혈연/혈통
> 속성$_3$: 유전적 형질
> 속성$_4$: 정/감정
> 기타)

(39다)　　범주 피 전체 ICM ⌐

> 속성$_3$: 유전적 형질 ←
> (속성$_1$: 혈연/혈통
> 속성$_2$: 살육/죽음
> 속성$_4$: 정/감정
> 기타)

(39라)　　범주 피 전체 ICM ⌐

> 속성$_4$: 정/감정 ←
> (속성$_1$: 혈연/혈통
> 속성$_2$: 살육/죽음
> 속성$_4$: 유전적 형질
> 기타)

　　(39가, 나, 다, 라)의 ICM에서는 범주 피의 전체개념과 부분개념
들, 즉 "속성$_1$: 혈연/혈통", "속성$_2$: 살육/죽음", "속성$_3$: 유전적 형질",
"속성$_4$: 정/감정" 간의 환유관계들이 표출된다. 그러면 (39가, 나, 다,
라)의 ICM에 의거하여 *피/Blut*로 다양한 속성들을 표출하는 한국인
과 독일인들의 언어사용을 설명해 보자. 먼저 (39가)의 ICM에 의거하

여 *피/Blut*로 혈연/혈통을 표출하는 경우를 설명해 보자.

1) [피로 혈연/혈통을 대신함]

(40가)의 한국어 관용어 *피를 나누다* '혈육/혈연관계가 있다'는 부모, 자식 또는 형제와 같은 혈연관계에 있음을 나타낸다. (40나)의 *피는 물보다 진하다* '혈육의 정이 깊다'는 부모, 자식, 형제자매 같이 혈연으로 맺어진 관계가 다른 어떤 관계보다 훨씬 정이 더 깊다는 것을 나타낸다. (40다)의 *핏줄이 당기다* '혈육의 정을 느끼다'는 혈연의 친밀감을 느끼는 것을 나타낸다. (40라)의 *피가 켕기다* '한 핏줄을 타고 난 사람들 사이에서 남다른 느낌이 들다'는 같은 핏줄로 이어진 사람들 사이에서 좀 더 인간적인 친화력이 느껴지는 것을 나타낸다.

> (40가) 연변 동포들은 우리와 같은 *피를 나눈* 형제들이다.
> (40나) *피는 물보다 진해서* 그런지, 외국에서 한국 사람을 보면 정이
>   생긴다.
> (40다) *핏줄이 당겼는지* 아이들은 어렸을 때 헤어진 엄마를 보고 달려
>   들면서 울기 시작했다.
> (40라) 연변 동포들의 어려움이 가슴에 와 닿는 것을 보니, 이는 *피가*
>   *켕기는가* 보다.

한국인들은 (40가, 나, 다, 라)의 관용어에서와 같이 (39가)의 ICM에서 도출되는 환유적 개념구조 〔전체개념으로 부분개념을 대신함〕에 속하는 〔범주로 정의 속성을 대신함〕의 하위개념구조 〔피로 혈연/혈통을 대신함〕에 의거하여 피로 혈연이나 혈통, 이로 인한 친밀감 등을 표현한다.

(41가)의 독일어 관용어 *in jmds. Adern fließt blaues Blut.* '귀족 혈통이다'는 서고틱 지방귀족들에서 유래한 것이다(Duden 2008 : 131). 즉 이 관용어는 서고틱 지방귀족들이 자기네 피부가 하얀 것을 검은 피부의 아프리카인들과 달리 자기들 혈관에 푸른 피가 흐르고 있기 때문인 것으로 보고, 그래서 자기네가 귀족혈통이라고 주장하는 것을 나타낸다. (41나)의 독일어 관용어 *Blut ist dicker als Wasser* '피는 물보다 진하다'는 (40나)의 한국어 관용어 *피는 물보다 진하다*와 같이 혈연관계가 다른 어떤 관계보다 정이 더 깊고 진하다는 것을 나타낸다.34)

> (41가) *In seinen Adern fließt blaues Blut.*
> '그는 귀족의 혈통이다.'
> (41나) Mein lieber Sohn, ich liebe dich, obwohl du mich hasst.
> *Blut ist dicker als Wasser.*
> '사랑하는 아들아, 네가 나를 증오한다고 해도, 나는 너를 사랑한다. 피는 물보다 진한 거다.'

(41가, 나)의 독일어 관용어에서 보았듯이 독일인들도 (29가)의 ICM에서 도출되는 환유적 개념구조 [범주로 정의 속성을 대신함]의 하위개념구조 [피로 혈연/혈통을 대신함]에 의거하여 *Blut*로 같은 핏줄을 가진 혈연이나 혈통, 이로 인한 친밀감 등을 표현한다.

---

34) 영어에도 유사한 관용어 *Blood is thicker than water*가 있다. 그 이외에 중국어, 헝가리어, 프랑스어 등의 언어에도 유사한 관용어가 있다.

2) [피로 살육/죽음을 대신함]

한국어와 독일어 합성어 *피비린내* '살상으로 인한 살벌한 상태'와 *Blutbad* '학살'에서 *피/Blut*는 살육으로 연상된다. 이 의미는 한국인과 독일인들이 사용하는 관용어에서도 표출된다. 예를 들면 (42가)의 한국어 관용어 *피로 물들이다* '대량 학살하다'는 사람들을 대량으로 참혹하게 죽여서, 그들이 흘리는 많은 피가 온 지역에 스며드는 것을 나타낸다. (42나)의 *피를 부르다* '무력 행위를 초래하다'는 사람들이 죽고 다쳐서 피 흘리는 폭력적인 상황을 초래하는 것을 나타낸다. (42다)의 *피(를) 흘리다* '싸우거나 하여 사상자를 내다'는 싸움으로 사상자를 내어서 피 흘리게 하는 것을 나타내고, (42라)의 *피비린내(가) 나다* '살육으로 인해 살벌하다'는 많은 사람들이 적과의 싸움에서 마구 죽임을 당해 피비린내가 날 정도로 많은 피를 흘리게 되는 것을 나타낸다. (42마)의 *피를 보다* '싸움으로 피를 흘리는 사태가 벌어져 사상자를 내다'도 피 흘리는 싸움이 벌어져서 죽은 사람과 다친 사람이 발생하는 것을 나타낸다. (42바)의 *피에 (굶)주리다* '무자비한 살상을 하려고 하다'는 누구를 죽이거나 다치게 하여 피를 보려는 동물적인 욕망이 끓어오르는 것을 나타내고, (42사)의 *피로 피를 씻다* '악한 일을 처리하기 위하여 또 다시 악한 일을 저지르다'는 살상(殺傷)을 살상으로 보복하려는 것을 나타낸다.

(42가) 광주를 *피로 물들인* 5.18 민주 항쟁은 영원히 기억되어야 한다.
(42나) 당신 나라의 무모한 행동이 결국 *피를 불렀다.*
(42다) 나라를 지키기 위해 조상들은 많은 *피를 흘렸다.*
(42라) *피비린내가 나는* 전쟁을 겪은 세대는 전쟁의 잔혹함을 잘 안다.

(42마) 결국 두 나라는 *피를 보는* 상황으로 치닫게 되었다.

(42바) *피에 굶주린* 진압군들은 민간인까지도 무참히 살해하기 시작했다.

(42사) 그 남자는 아버지를 죽인 원수를 죽임으로써 *피로 피를 씻었다.*

이처럼 한국인들은 (42가, 나, 다, 라, 마, 바, 사)의 관용어에서와 같이 (39나)의 ICM에서 도출 가능한 환유적 개념구조 〔범주로 정의 속성을 대신함〕의 하위개념구조 〔피로 살육/죽음을 대신함〕에 의거하 여 *피로* 학살이나 살상 등을 표현한다.

(43가)의 독일어 관용어 *an jmds. Händen klebt Blut* '살인자다' 는 손에 누군가의 피가 묻어 있는 것을 보고, 바로 그가 살인자로 간 주되는 것을 나타낸다. (43나)의 *Blut sehen wollen* '피비린내 나는 잔인한 싸움을 하려고 하다'는 살상 등으로 피비린내가 나게 만들 몹 시 살벌한 싸움을 하려고 하는 것을 나타낸다. (43다)의 *im Blut/in jmds. Blut waten* '적을 잔인하게 대량학살하다'는 핏물을 헤치고 걸 어 다녀야 하게 될 정도로 적을 잔인하게 대량 학살하는 것을 나타낸 다. (43라)의 *etw. im Blut/in jmds. Blut ersticken* '무엇을 유혈 진압하다'는 반란이나 시위 등을 총, 칼 같은 무기로 진압하여 피를 흘 리게 하는 것을 나타낸다. (43마)의 *in seinem (eigenen) Blut schwimmen* '잔인하게 살해당하다'는 살해당할 때 흘린 피가 수영이 가능할 정도로 많다는 것, 즉 살해의 잔인함을 나타낸다. (43바)의 *nach Blut lechzen/dürsten* '복수심에 불타다'는 복수심에 불타 누구 를 살해해서 피를 보려는 것을 나타낸다.

(43가) *An seinen Händen klebt Blut.*

'그가 살인자다.'

(43나) Das Volk *will Blut sehen.*
'시민들은 피비린내 나는 싸움을 하려고 한다.'

(43다) Die neuen Machthaber *wateten im Blut.*
'새 권력자들은 적을 잔인하게 대량 학살했다.'

(43라) Die Truppen des Diktators *erstickten den Aufstand im Blut.*
'독재자의 군대가 반란을 유혈 진압했다.'

(43마) Sadam Hussein erklärte, im Kriegsfall würden die Amerikaner *in ihrem eigenen Blut schwimmen.*
'사담 후세인은 전쟁이 일어나면 미국국민들이 잔인하게 살해 당할 것이라고 말했다.'

(43바) Das ganze Volk *lechzte nach Blut.*
'모든 국민들은 복수심에 불타고 있었다.'

독일인들도 (43가, 나, 다, 라, 마, 바)의 관용어에서와 같이 (39나) 의 ICM에서 도출 가능한 환유적 개념구조〔범주로 정의 속성을 대신함〕의 하위개념구조〔피로 살육/죽음을 대신함〕에 의거하여 *Blut*로 학살이나 살육을 표현한다.

한국인과 독일인들은 *피/Blut*로 죽음을 표현하기도 한다. 예를 들면 (44)의 한국어 관용어 *피를 흘리다* '적과의 싸움에서 희생되다'는 적과의 전투에서 죽임을 당하는 것을 나타낸다. (45)의 독일어 관용어 *etw. mit seinem Blut besiegeln* '무엇을 위해 싸우다가 죽다'도 무엇을 위해 피 흘릴, 즉 죽을 각오를 하고 있음을 나타낸다.

(44) 나라를 지키기 위해 우리 조상들은 많은 *피를 흘렸다.*

(45) Sie *besiegelten die Verteidigung der Heimat mit ihrem Blut.*
그들은 자기 고향을 지키기 위해 싸우다가 죽었다.

언급한 (44)와 (45)의 관용어에서와 같이, 한국인과 독일인들은 (39나)의 ICM에서 도출 가능한 환유적 개념구조〔범주로 정의 속성을 대신함〕의 하위개념구조〔피로 살육/죽음을 대신함〕에 의거하여 *피/Blut*로 죽음을 나타낸다.

한국인과 독일인들은 *피/Blut*를 조상들에게서 물려받은 유전적 형질로도 표현하고, 정/감정으로도 표현한다. 먼저 전자의 경우를 보자.

3) [피로 유전적 형질을 대신함]

(46)의 한국어 관용어 *피를 받다*'성격, 성향, 재능 또는 신체의 특징 등을 이어받다'는 자손이 조상의 유전적 형질을 이어 받는 것을 나타낸다.

(46) 우리 큰 아들은 아버지의 *피를 받아서* 그런지 몹시 고집이 세다.

(47가)의 독일어 관용어 *jmdm. im Blut liegen/stecken* '누구에게 어떤 분야에 관한 재능이 있다'는 특정 분야에 관한 재능의 피가 흐르고 있음을 나타낸다. (47나)의 *Musik im Blut haben* '천부적인 음악성이 있다'는 태어날 때부터 음악적인 재능이 피 속에 들어 있음을 나타낸다.

(47가) *Den beiden liegt/steckt* die Musik *im Blut.*
'두 사람에게는 천부적인 음악 재능이 있다.'
(47나) So kann man nur komponieren, wenn man *Musik im Blut hat.*
'천부적인 음악성이 있어야만 그렇게 작곡할 수 있는 거다.'

따라서 한국인과 독일인들은 (46)과 (47가, 나)의 한국어와 독일어 관용어에서와 같이 (39다)의 ICM에서 도출 가능한 환유적 개념구조 〔전체개념으로 부분개념을 대신함〕에 속하는 〔범주로 정의 속성을 대신함〕의 하위개념구조 〔피로 유전적 형질을 대신함〕에 의거하여 *피 /Blut*로 조상에게서 물려받은 성격이나 성향, 그리고 재능이나 기질 같은 유전적 형질을 표현한다.

4) [피로 정/감정을 대신함]

한국인들은 오랫동안 함께 지내 오면서 생긴 인간적인 정 그리고 사람이나 사물에 대한 감정을 피로 표현하기도 한다. 이는 바로 남을 동정하는 훈훈하고 따뜻한 마음씨가 느껴지는 것을 나타내는 (48가)의 한국어 관용어 *피가 통하다* '인간적인 정으로 연결되다'와 조금도 인정미가 없고 냉혹한 것을 나타내는 (48나)의 *피도 눈물도 없다* '인간적인 따뜻함이 전혀 없다'에서 표출된다.

(48가) 20년 간 한솥밥을 먹고 지낸 두 사람은 이제 서로 *피가 통하는* 사이가 되었다.
(48나) 시험에 떨어진 사람에게 위로는커녕 왜 떨어졌느냐고 비난하다니, 넌 정말 *피도 눈물도 없구나.*

한국인들은 (48가, 나)의 한국어 관용어에서와 같이 (39라)의 ICM
에서 도출 가능한 환유적 개념구조〔전체개념으로 부분개념을 대신함〕
에 속하는〔범주로 정의 속성을 대신함〕의 하위개념구조〔피로 정/감
정을 대신함〕에 의거하여 *피*로 인간적인 따뜻하고 깊은 정이나 훈훈한
감정을 표현한다.

독일인들도 *Blut*로 다양한 감정을 표현하곤 한다. 예를 들면 한 번
피의 맛을 보면 그 맛을 포기하지 못하는 맹수에 비유한 (49가)의 독
일어 관용어 *Blut geleckt haben* '쾌락을 추구하다'는 재미있는 어떤
일에 빠져서 헤어나지 못하는 사람들의 행태를 나타낸다. 여기서 *Blut*
는 쾌락을 나타낸다. (49나, 다, 라)의 독일어 관용어에서 *Blut*는 여
러 형용사와 결합하여 다양한 감정을 나타낸다. 즉, (49나)의 *böses
Blut machen/schaffen* '나쁜 감정을 유발하다'에서 *Blut*는 형용사
*böse*와 결합하여 적대감이나 불만 같은 나쁜 감정을 나타내고, (49다,
라)의 *kaltes Blut bewahren* '냉정을 유지하다'와 *(nur immer)
ruhig Blut* '아주 차분하다/전혀 흥분하지 않다'에서 *Blut*는 흔들림
없는 침착함을 나타낸다.

> (49가) An der Börse hat er *Blut geleckt*.
> '그는 주식에 빠졌다.'
> (49나) Der Vorfall *machte/schaffte böses Blut* im Dorfe.
> '그 사고는 마을에 적대감을 유발했다.'
> (49다) Die EU-Staaten haben *kaltes Blut bewahrt*.
> '유럽연합 국가들은 냉정을 유지했다.'
> (49라) 》*(Nur immer) Ruhig Blut*, Alfred.《, sagte ich.
> '"전혀 흥분하지 않는군, 알프레드" 라고 나는 말했다.'

(49가, 나, 다, 라)의 관용어에서와 같이 독일인들도 (39라)의 ICM에서 도출 가능한 환유적 개념구조 〔범주로 정의 속성을 대신함〕의 하위개념구조 〔피로 감정을 대신함〕에 의거하여 *Blut*로 쾌락, 적대감, 냉정함, 침착함 등 다양한 감정을 표현한다.

외모를 중시하는 현대인들에게 얼굴은 자기를 표현할 수 있는 중요한 수단이다. 뿐만 아니라 얼굴은 사람들의 내면적인 본성이나 성격뿐만 아니라 사람들의 사회적인 체면이나 신분을 나타내기도 한다. 이러한 측면에서 얼굴은 언급한 외형적, 사회적, 내면적 속성들을 표출하는 하나의 복합도구, 즉 복합개념의 범주로 정의된다. 피도 다양한 속성들을 연상하게 한다. 외국에서 한국인을 만나면 같은 피를 나눈 혈육 같은 남다름을 느낄 것이고, 누군가가 피를 흘리면 상황에 따라 살해, 죽음, 부상 등을 연상할 것이다. 누군가가 그의 아버지도 그랬듯이 피아노를 잘 치면, 이는 아버지의 피로부터 물려받은 유전적 재능으로 여길 것이다. 아울러 피는 인간의 여러 가지 감정들을 표현해 내기도 한다. 그러므로 피도 여러 가지 속성들로 연상되는 하나의 복합개념의 범주로 정의된다. 복합 범주의 개념과 그의 부분개념들 간의 환유관계로 표출되는 한국인과 독일인들의 언어사용은 환유적 개념구조 〔전체개념으로 부분개념을 대신함〕에 속하는 〔범주로 정의 속성을 대신함〕의 하위개념구조들로 설명된다. 즉 한국인과 독일인들은 〔얼굴로 외형적 속성을 대신함〕, 〔얼굴로 사회적 속성을 대신함〕, 그리고 〔얼굴로 내면적 속성을 대신함〕의 환유적 개념구조에 의거하여 얼굴/*Gesicht*로 외형적인 생김새, 내면적인 본성이나 성격, 그리고 사회적인 체면이나 신분 등 여러 가지 속성을 표현한다. 역시 한국인과 독일인들은 [피로 혈연/혈통을 대신함], [피로 살육/죽음을 대신함], [피로 유전적 형질을 대신함], [피로 정/감정을 대신함]의 환유적 개념구조에 의거하여 *피/Blut*로 혈연/혈통, 유전적 형질, 살육, 죽음, 정이나 감정 등 인간의 여러 가지 속성들을 표현한다.

3.4. [부분개념으로 부분개념을 대신함] : [결과로 원인을 대신함]

감정이나 신체의 상태는 여러 가지 생리적 현상들을 동반한다. 그래서 사람들은 신체에 나타나는 생리적 현상들을 보고, 그의 감정이나 신체의 상태를 알아차리기도 한다. 인과론적으로 보자면 생리적 현상은 감정이나 신체 상태의 결과가 되고, 감정이나 신체의 상태는 생리적 현상의 원인이 된다. 이러한 맥락에서 감정이나 신체상태는 원인과 결과 같은 하위사건들로 구성된 하나의 복합사건으로 규정된다. 그러면 감정상태나 신체상태는 환유적 개념구조 [부분개념으로 부분개념을 대신함]에 속하는 [결과로 원인을 대신함]의 하위개념구조들로 잘 설명된다. 부분개념으로 부분개념을 나타내는 환유관계의 ICM은 이미 1장의 (21)에서 제시되었다. 이를 (50)에 다시 제시한다.

(50)　　　(전체 ICM)

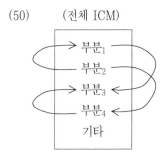

　(50)의 임의의 부분개념들을 결과와 원인의 개념으로 간주하고, 이를 근거로 언급한 생리적 현상과 감정이나 신체의 내적 상태 간의 환유관계를 설명해 보자.

　예를 들어 분노하거나 부끄러워하면, 모세혈관이 확장되어 혈류량이 많아지고, 많아진 혈류량 때문에 혈액순환이 빨라진다. 그러면 열이 발생하여 얼굴이 화끈거리고 붉어진다. 그래서 사람들은 상대방 얼굴의 화끈거림, 붉어짐을 보고 그의 감정상태를 알아차린다. 얼굴표정으로도 상대방의 감정상태를 알아차리고, 얼굴색으로도 상대방의 건강상태를 알아차린다. 그 밖에도 한국인과 독일인들은 눈과 손의 여러 가지 상태를 통해서도 감정이나 신체 또는 정신상태를 표현하기도 한다.

　인과론적으로 볼 때 신체에 나타나는 여러 가지 증상이나 현상들은 감정, 건강, 정신상태 등의 결과 현상으로 간주된다. 이렇게 부분개념인 결과로 부분개념인 원인을 나타내는 이상적 인지모형 ICM은 (50)에 의거하여 (51)과 같이 제시된다.

(51) (감정/건강/정신상태 전체 ICM)

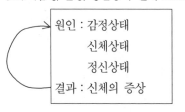

원인 : 감정상태
　　　신체상태
　　　정신상태
결과 : 신체의 증상

　감정상태, 건강상태, 정신상태 등을 신체의 증상으로 표현하는 한국인과 독일인들의 언어사용은 (51)의 ICM에서 도출되는 환유적 개념구조〔부분개념으로 부분개념을 대신함〕에 속하는〔결과로 원인을 대신함〕의 하위개념구조들로 설명된다. 먼저 얼굴로 감정상태를 표출하는 경우를 보자.

3.4.1. 얼굴

　독일인들보다는 한국인들에게 몸(body)으로 마음이나 감정상태(mind)를 표현하려는 경향이 더 강한 것 같다. 이는 얼굴에서 발생하는 열과 얼굴색, 얼굴피부두께, 얼굴모습 등 다양한 신체의 증상들을 환유적 매개체로 삼는 한국인의 언어사용에서도 확인된다. 먼저 얼굴에 발생하는 열로 감정을 표출하는 경우를 보자.

1) [얼굴의 열로 감정상태를 대신함]

　(52가)의 한국어 관용어 *얼굴/낯이 뜨겁다/화끈거리다/달아오르다* '몹시 부끄럽다'는 열로 인해 얼굴이 뜨거워지거나 화끈거리는 증상으

로 몹시 부끄러워하는 것을 나타낸다. (52나)의 *얼굴에 모닥불을 담아 부은 듯* '매우 부끄러워서 낯이 뜨거운'도 열이 발생해서 얼굴이 화끈거리는 증상으로 몹시 부끄러워하는 것을 나타낸다.

> (52가) 나는 지금도 그 일을 생각하면 *얼굴/낯이 뜨거워/화끈거려/달아올라* 어찌할 바를 모르겠다.
> (52나) 그 말을 듣는 순간 나는 *얼굴에 모닥불을 담아 부은 듯* 당황했다.

(52가, 나)의 관용어들에서와 같이 한국인들은 (51)의 ICM에서 도출되는 환유적 개념구조 [부분개념으로 부분개념을 대신함]에 속하는 [결과로 원인을 대신함]의 하위개념구조 [얼굴의 열로 감정상태를 대신함]에 의거하여 *얼굴/낯*으로 부끄러움을 표현한다.[35)]

2) [얼굴색으로 감정상태를 대신함]

한국인들은 얼굴이 붉어지는 생리적 현상으로 감정을 표현하기도 한다. 예를 들면 *얼굴/낯을 붉히다* '부끄러워하다'/'화를 내다'는 (53가)에서는 부끄러운 감정을, (53나)에서는 화(火)[36)]의 감정을 얼굴의

---

35) 창피하거나 부끄러우면 얼굴이 화끈거리면서 미묘하고 야릇한 느낌이 들기도 한다. 이에 비유되는 (i)의 한국어 관용어 *낯(이) 간지럽다* '(언행이) 민망하고 겸연쩍어 남을 대하기가 부끄럽다'는 무엇이 살에 닿아 가볍게 스칠 때에 느껴지는 견디기 어려운 자리자리한 촉감(결과)을 통해 부끄럽고 민망하여 마음에 자리자리한 느낌(원인)이 드는 것을 표현한다 :
   (i) 젊은이들의 과감한 애정표현을 보면 늙어서 그런지 *낯(이) 간지럽다*.
   이 관용어에서도 낯은 환유적 개념구조 [결과로 원인을 대신함]에 의거하여 부끄러운 감정상태를 나타낸다.
36) 이는 *화(火)*의 한자가 '불화'로 쓰여지는 것을 통해서도 추측된다.

붉어짐으로 나타낸다.[37] (53다)의 *얼굴이 홍당무가 되다* '부끄럽거나 창피하여 얼굴이 붉어지다'는 홍당무처럼 붉어진 얼굴로 창피함이나 부끄러움을 나타낸다. (53라)의 *얼굴이 선지방구리가 되다* '몹시 흥분하여 얼굴이 시뻘겋게 되다'는 잡은 짐승의 피가 담겨있는 질그릇 색깔 같이 시뻘게진 얼굴색으로 몹시 흥분한 감정상태를 나타낸다.

> (53가) 결혼하자는 말에 그녀는 *얼굴/낯을 붉혔다.*
> (53나) 층간 소음문제로 *얼굴/낯을 붉히면서* 싸우는 이웃들을 종종 목격한다.
> (53다) 옆집 오빠의 사랑 고백에 나는 *얼굴이 홍당무가 되었다.*
> (53라) 그 부인은 내 말을 듣더니 *얼굴이 선지 방구리가 되었다.*

(53가, 나, 다, 라)의 한국어 관용어에서와 같이 한국인들은 (51)의 ICM에서 도출되는 환유적 개념구조 〔부분개념으로 부분개념을 대신함〕에 속하는 〔결과로 원인을 대신함〕의 하위개념구조 〔얼굴색으로 감정상태를 대신함〕에 의거하여 *얼굴/낯으로* 부끄러움, 화, 흥분 같은 감정상태를 표현한다.

분노의 감정이 심할 때에는 오히려 혈관이 수축되고, 이로 인해 혈류량이 줄어들어서 얼굴이 파래진다. 예를 들면 (54가)의 *얼굴/얼굴빛이 붉으락푸르락해지다* '격한 분노를 참지 못하다'는 얼굴색이 붉어졌다가 창백해지는 생리적 증상으로 몹시 성이 나서 어쩔 줄 몰라 하는 격노의 상태를 나타낸다. 겁에 질린 상태에서도 혈관 수축과 혈류량

---

37) *얼굴이 붉어지다/빨개지다* '부끄러워하다'/화를 내다'도 유사하게 설명된다.

감소로 얼굴이 노래지거나 파래지거나 하얘지는데, 이를 반영한 (54나)의 *얼굴이 노래지다/파래지다/하얘지다* '겁에 질리다'는 얼굴색이 노랗고, 파랗고, 하얗게 되는 생리적 증상으로 몹시 무서워서 놀래는 감정상태를 나타낸다.

> (54가) 심판의 오심 때문에 결승전에서 졌다고 욕설을 퍼부은 감독은 *얼굴/얼굴빛이 붉으락 푸르락 해졌다.*
> (54나) 친구의 사망 소식을 듣고 그는 *얼굴이 노래졌다/파래졌다/하얘졌다.*

(54가, 나)의 한국어 관용어에서와 같이 한국인들은 (51)의 ICM에서 도출되는 환유적 개념구조 [부분개념으로 부분개념을 대신함]에 속하는 [결과로 원인을 대신함]의 하위개념구조 [얼굴색으로 감정상태를 대신함]에 의거하여 얼굴로 분노, 놀람 같은 감정상태를 표현한다.

3) [얼굴피부두께로 감정상태를 대신함]

한국인들은 얼굴피부두께를 환유적 매개체로 하여 감정을 표현하기도 한다. 예를 들면 부끄러워하면 얼굴이 붉어지곤 한다. 이러한 생리적 현상은 얼굴피부가 얇은 사람에게는 눈에 잘 띄지만, 얼굴피부가 두꺼운 사람에게는 그리 잘 눈에 띄지 않는다. 한국인들은 이러한 현상에 비유하여 부끄러움과 뻔뻔함 같은 감정상태를 표현한다. 예를 들면 (55가)의 한국어 관용어 *얼굴가죽/낯가죽/얼굴/낯짝이 두껍다* '뻔뻔하다'는 얼굴피부가 두꺼워서 얼굴의 붉어짐이 잘 보이지 않는 것으로 부끄러운 짓을 하고도 부끄러워하지 않는 뻔뻔함을 나타낸다. 반대로 (55나)의 *얼굴가죽/낯가죽/얼굴/낯짝이 얇다* '부끄러워하다'는 얼굴의 붉어짐이 얼굴피부가 얇아서 잘 보이는 것으로 부끄러워하는 감정상태를 나타낸다. (55다)의 *얼굴에 철판을 깔다* '염치도 체면도 없이 몹시 뻔뻔하다'도 얼굴의 붉어짐을 가리기 위해 얼굴에 넓은 철판을 까는 것으로 뻔뻔함을 나타낸다. (55라)의 *얼굴이 꽹과리 같다* '염치없고 뻔뻔스럽다'도 얼굴피부가 놋쇠 꽹과리 같이 두꺼워서 얼굴의 붉어짐이 잘 보이지 않는 것으로 염치없는 뻔뻔한 감정을 나타낸다.

> (55가) 그 사람은 *얼굴가죽/낯가죽/얼굴/낯짝이 두꺼워서* 그 정도 구박에 절대로 물러설 사람이 아니네.
> (55나) *얼굴가죽/낯가죽/얼굴이/낯짝이 얇은* 사람이라면 아마 자살 했을 거다.
> (55다) 그녀는 돈을 빌릴 때가 되면 늘 *얼굴에 철판을 깐다.*
> (55라) 아무리 *얼굴이 꽹과리 같은* 사람이라도 쥐구멍을 찾고 싶을 걸.

(55가, 나, 다, 라)의 관용어에서와 같이 한국인들은 (51)의 ICM을 기반으로 하는 환유적 개념구조〔결과로 원인을 대신함〕의 하위개념구조〔얼굴피부두께로 감정상태를 대신함〕에 의거하여 *얼굴/낯*으로 뻔뻔해 하거나 부끄러워하는 감정상태를 표현한다.

4) 〔얼굴색으로 신체상태를 대신함〕

한국인들은 얼굴색으로 건강상태를 표현하기도 한다. 예를 들면 (56가)의 한국어 관용어 *얼굴에 노랑꽃이 피다* '영양상태가 나빠서 얼굴이 누렇게 뜨다'는 누렇게 뜬 얼굴색으로 심한 영양 불균형으로 인해 건강상태가 좋지 않은 것을 나타낸다. (56나)의 *얼굴에 외꽃이 피*

다 '얼굴이 노란 외꽃처럼 누렇게 떠서 병색이 짙다'도 동일하게 설명
된다.

> (56가) 전쟁 통에 아이들은 *얼굴에 노랑꽃이 피었다.*
> (56나) 부모 도움 없이 독립해서 잘 살아보겠다고 집을 떠난 아들은 한
> 달 만에 *얼굴에 외꽃이 피어서 돌아왔다.*

(56가, 나)의 관용어에서 보았듯이 한국인들은 (51)의 ICM을 기반
으로 하는 환유적 개념구조 〔결과로 원인을 대신함〕의 하위개념구조
〔얼굴색으로 신체상태를 대신함〕에 의거하여 얼굴로 건강상태를 표현
한다.

5) 〔얼굴모습으로 처지/신체상태를 대신함〕

한국인들은 얼굴모습으로 처지나 건강상태도 표현한다. 예를 들면
(57가)의 한국어 관용어 *얼굴이 펴지다* '근심 걱정이 없어지다'는 주름
이 펴진 얼굴모습으로 근심 걱정이 없어서 처해 있는 형편이나 상황이
편안하고 좋은 것을 나타낸다. (57나)의 *얼굴에 기름기가 돌다* '윤택
하다'는 혈색이 좋아 번지르르하게 기운이 도는 얼굴모습으로 형편이
좋아진 상태를 나타낸다. (57다)의 *얼굴이 반쪽이 되다* '병이나 고통
으로 얼굴이 몹시 수척해지다'는 수척해진 얼굴모습으로 좋지 않은 건
강상태를 나타낸다.

> (57가) 자식들 모두 자기 길을 찾았으니, 이제야 엄마 *얼굴이 좀 펴지*
> *겠다.*

(57나) *얼굴에 기름기가 도는 것을 보니, 요사이 신세가 좋은가 보다.*
(57다) 김 과장님은 독감으로 고생하셨는지 *얼굴이 반쪽이 되었다.*

(57가, 나, 다)의 한국어 관용어에서 언급하였듯이, 한국인들은 (51)의 ICM을 기반으로 하는 환유적 개념구조 〔결과로 원인을 대신함〕의 하위개념구조 〔얼굴모습으로 처지/신체상태를 대신함〕에 의거하여 *얼굴*로 처지나 건강상태를 표현한다.

6) 〔얼굴표정으로 감정상태를 대신함〕

특정 얼굴표정에 관한 묘사를 통해 특정한 생각이나 느낌 등에 관한 메시지를 전하는 것은 언어표현의 보편적인 현상으로 보인다.[38] 이는 한국인과 독일인의 언어사용에서도 나타난다.

예를 들면 (58가)의 한국어 관용어 *얼굴에 씌어 있다* '표정에 그대로 나타나다'는 누군가의 얼굴표정에 그의 감정이나 마음상태가 솔직하게 드러나고 있음을 나타낸다. *얼굴(을) 하다* '표정을 짓다'는 (58나)에서는 싫어하는 얼굴표정으로 무언가가 마음에 들지 않는 것을 나타내고, (58다)에서는 웃음 짓는 얼굴표정으로 기쁘고 행복해 하는 것을 나타낸다. (58라)의 *얼굴(을) 찌푸리다* '못 마땅해 하다'/'화내다'/'싫어하다'는 찌푸리는 얼굴표정으로 무엇이 못 마땅해서 화가 나는 것을 나타낸다. (58마)의 *얼굴이 굳어지다* '긴장하다'는 굳은 얼굴표정으로 긴장상태를 나타낸다. (58바)의 *얼굴에 그늘이 지다* '우울함 내지 걱정거리가 있다'는 어두운 얼굴표정으로 근심 걱정 때문에 마음이 편

---

38) 이에 관해서 Wierzbicka(1999 : 282)를 참조할 것.

치 않은 침울한 감정상태를 나타낸다. (58사)의 *얼굴이 밝아지다* '짓눌렸던 문제가 해결되어 기쁘다'는 밝아진 얼굴표정으로 짓눌렸던 문제가 해결되어 기뻐하는 것을 나타낸다. (58아)의 *얼굴에 웃음이 나다* '기쁘다'는 입가에 웃음을 띤 표정으로 기분 좋은 감정상태를 나타낸다.

(58가) 네 생각이 너의 *얼굴에* 다 *씌어 있어.* 속일 생각하지 마.
(58나) 싫은 *얼굴을 하는* 것은 서비스업 종사자들의 예의가 아니다.
(58다) 웃는 *얼굴을 하면* 자기도 모르는 사이에 기분이 좋아진다.
(58라) 이젠 더 이상 *얼굴 찌푸리지* 마세요. 살만 하잖아요.
(58마) 갑자기 과장님의 *얼굴이 굳어지면서* 부사장님의 말을 가로막았다
(58바) 어제 모임에서 그는 행복한 척 했지만, *얼굴에는 그늘이 저 있었다.*
(58사) 울던 아이에게 사탕을 주자 금세 *얼굴이 밝아졌다.*
(58아) 당신을 생각하면 항상 내 *얼굴에 웃음이 납니다.*

(58가, 나, 다, 라, 마, 바, 사, 아)의 한국어 관용어에서와 같이 한국인들은 (51)의 ICM에서 도출되는 환유적 개념구조〔결과로 원인을 대신함〕의 하위개념구조〔얼굴표정으로 감정상태를 대신함〕에 의거하여 *얼굴*로 불쾌, 우울, 기쁨, 행복 등의 감정들을 표현한다.

(59가)의 독일어 관용어 *jmdm. ins Gesicht geschrieben stehen* '누구의 얼굴표정에 확연하게 드러나다'는 누군가의 얼굴표정에 그의 정서적, 감정적 상태가 뚜렷하게 드러나는 것을 나타낸다. (59나)의 *ein schiefes Gesicht machen/ziehen* '불쾌해서 얼굴을 찡그리다'는 찡그리는 얼굴표정으로 무엇이 못 마땅하고, 그래서 불쾌해 하는 감정을 나타낸다. (59다)의 *ein Gesicht wie drei/sieben/zehn/vierzehn*

Tage Regenwetter machen '짜증나서/불쾌해서/화가 나서 얼굴을 찡그리다'는 3, 7, 10일간, 심지어 14일간 내린 비 때문에 짜증나는 얼굴표정으로 짜증나고 불쾌하고 화가 나는 감정을 나타낸다. (59라)의 *ein Gesicht machen, als hätten einem die Hühner das Brot weggefressen* '(예상하지 못한 일로) 제정신이 아니다/당황하다'는 나중에 먹으려고 아껴 두었던 빵을 생각지도 않게 닭들이 먹어 치워버려서 몹시 기가 막혀하는 얼굴표정으로 제정신이 아닌 감정상태를 나타낸다. (59마)의 *ein langes Gesicht/lange Gesichter machen* '실망스러워 하다'는 입가에 힘이 들어가면서 밑으로 당겨지는 얼굴표정으로 실망스러워 하는 감정상태를 나타낸다.

(59가) *Dem Boxer stand* die Brutalität *ins Gesicht geschrieben.*
'그 권투선수의 얼굴표정에는 잔인함이 확연하게 드러났다.'

(59나) *Mach/Zieh* doch nicht so *ein schiefes Gesicht*! Man kann nicht alles haben.
그렇게 얼굴 찡그리지 마. 사람은 모든 것을 가질 수는 없어.

(59다) Sie *machte ein Gesicht wie drei/sieben/zehn/vierzehn Tage Regenwetter*, weil das lang geplante Wochenende in Paris ins Wasser gefallen ist.
'그녀는 오래 전부터 세웠던 파리에서의 주말계획이 수포로 돌아갔기 때문에 화가 나서 얼굴을 찡그렸다.'

(59라) Als er wusste, dass das Portemonnaie in ihrer Tasche fehlt, machte er *ein Gesicht, als hätten ihr die Hühner das Brot weggefressen.*
'그는 가방에서 지갑이 없어진 것을 알았을 때 제정신이 아니었다.'

(59마) Die Spieler *machten langes Gesicht/lange Gesichter*, als sie nach dem Halbzeitpfiff in die Kabinen gingen.

'선수들은 전반전 하프타임 종료 호각소리를 듣고 탈의실로 들
어갈 때, 침울해/실망스러워 했다.'

(59가, 나, 다, 라, 마)의 관용어들에서와 같이 독일인들도 (51)의
ICM에서 도출되는 환유적 개념구조 〔결과로 원인을 대신함〕의 하위
개념구조 〔얼굴표정으로 감정상태를 대신함〕에 의거하여 *Gesicht*로
불쾌, 분노, 당황, 실망 등의 감정상태를 표현한다.[39]

감정, 신체 그리고 정신상태들은 눈과 손, 그리고 피의 상태를 통해
서도 표출된다. 눈의 상태로 표출되는 경우를 보자. 여기서 눈의 상태
는 다양한 감정으로 인해 눈물이 고인 눈의 상태, 눈의 색깔, 눈의 모
양 등을 포괄한다.

3.4.2. 눈

1) 〔눈의 상태로 감정상태를 대신함〕

(60가)의 한국어 관용어 *눈시울을 붉히다* '감동하다'는 어떠한 일에
감동하는 것을 눈언저리가 붉어지는 것으로 나타낸다. (60나)의 관용
어 *눈꼴사납다* '하는 짓이 거슬리어 보기에 아니꼽다'는 누군가의 행위

---

39) 흔치 않지만 독일인들은 *Gesicht*를 환유적으로 사건의 국면(局面)으로도 표현한
다. 예를 들면 *Nach der Aussage des Zeugen bekommte die Sache ein anderes
Gesicht.* '증인의 증언 후 사건의 국면은 바뀌게 되었다.'에서 나타나는 독일어 관
용어 *ein anderes Gesicht bekommen* '무엇의 국면이 바뀌다'는 벌어지는 사건의
여러 가지 상황들을 통해 사건의 국면이 다른 방향으로 진행되는 것을 나타낸다.
이 관용어에서 *Gesicht*는 벌어지는 사건의 여러 가지 내적인 국면(局面)을 나타낸
다. "局面"의 "面"은 얼굴을 나타낸다.

나 행동이 언짢고 마음에 들지 않은 것을 눈의 생김새나 모양이 험한 것으로 나타낸다. (60다)의 *눈초리가 따갑다* '질책의 눈길이 매섭고 냉정하다'는 누구를 매섭고 냉정하게 꾸짖고 나무라는 감정을 사람을 보는 눈모양이 매섭고 날카로운 것으로 나타낸다. (60라)의 *눈이 가매지게/가매지도록/빠지도록* '몹시 애타게/초조하게'는 애태우거나 초조해 하는 감정을 눈이 가맣게 되거나 빠질 것 같은 것으로 나타낸다. (60마)의 *눈이 휘둥그레지다/등잔만 하다* '놀라거나 두려워서 눈이 크게 뜨여 둥그렇게 되다'는 놀라거나 두려워하는 감정을 눈이 크게 뜨여 둥그렇게 되거나 등잔만 해지는 것으로 나타낸다. (60바)의 *눈총을 주다* '독기 어린 눈으로 미워하는 마음을 전하다'는 상대방을 미워하는 감정을 눈에 독기를 띠며 쏘아보는 시선으로 나타낸다.

> (60가) 낳아준 엄마를 찾기 위해 연예인이 되려고 했다는 말에 사람들은 *눈시울을 붉혔다.*
> (60나) 돈 많다고 거들먹거리는 그를 *눈꼴사나워서* 도저히 봐주지 못하겠다.
> (60다) 늦잠자서 추석날 시댁에 늦게 갔다. 시어머니의 *눈초리가* 몹시 *따가웠다.*
> (60라) 엄마는 눈이 *가매지게/가매지도록/빠지도록* 아들의 합격 소식을 기다렸다.
> (60마) 사고를 목격한 영자의 눈이 *휘둥그레졌다/등잔만 했다.*
> (60바) 짓궂게 굴기에 *눈총을 주었더니,* 그는 슬며시 나가버렸다.

언급한 (60가, 나, 다, 라, 마, 바)의 한국어 관용어에서와 같이 한국인들은 (51)의 ICM에서 도출되는 환유적 개념구조 [부분개념으로

부분개념을 대신함]에 속하는 [결과로 원인을 대신함]의 하위개념구
조 [눈의 상태로 감정상태를 대신함]에 의거하여 눈이 나타내는 상태
로 감동, 아니꼬움, 냉정, 초조, 놀람, 두려움, 미움 등 다양한 감정상
태를 표현한다.

(61가)의 독일어 관용어 *jmdm. aus den Augen sehen* '누구의 눈
빛에서 여러 가지 감정상태를 알아채다'는 희로애락의 감정을 눈에 나
타나는 기색으로 나타낸다. (61나)의 *jmdm. verliebte Augen
machen* '누구를 사랑스럽게 바라보다'는 사랑의 감정을 누구를 바라
보는 사랑의 눈빛으로 나타낸다. (61다)의 *sich die Augen rot
weinen/sich die Augen aus dem Kopf weinen* '(눈이 빠져 나올 정
도로) 격하게 울다'는 속상한 감정을 격하게 울어서 눈이 뻘겋게 되거
나 눈이 빠져 나올 정도로 통통 부은 상태로 나타낸다. (61라)의 관용
어 *da bleibt kein Auge trocken* '모두 감격하여 울다'/'모두 눈물이
나도록 웃다'/'불행을 당하지 않은 사람이 없다'는 너무 감격하거나 재
미있거나 불행한 감정을 눈물로 나타낸다. (61마)의 *jmdn./etw. mit
den Augen verschlingen* '누구를/무엇을 탐욕스러운 눈으로 쳐다보
다'는 탐욕스러움을 누구를/무엇을 지나치게 탐하는 욕심의 눈빛으로
나타낸다.

(61가) *Dem Kehl* kann doch die Verschlagenheit *aus den Augen
sehen.*
'그놈의 눈빛에서 교활함을 알아챌 수 있다.'
(61나) Der Oberkellner *machte der Chefin verliebte Augen.*
'총지배인은 여사장을 사랑스럽게 쳐다보았다.'

(61다) Sitz in deinem Zimmer und *wein dir rot die Augen/wein
   dir die Augen aus dem Kopf.*
   '네 방에 앉아서 실컷 울어라.'
(61라) *Da bleibt kein Auge trocken*
   '모두 감격하여 운다'/'모두 눈물이 나도록 웃는다'/'불행을 당하
   지 않은 사람은 없다'
(61마) Peter *verschlingt seine Nachbarin mit den Augen.*
   '페터는 이웃 여자를 탐욕스러운 눈으로 쳐다본다'

(61가, 나, 다, 라, 마)의 독일어 관용어에서 보았듯이, 독일인들도
(51)의 ICM을 기저로 하는 환유적 개념구조〔결과로 원인을 대신함〕
의 하위개념구조〔눈의 상태로 감정상태를 대신함〕에 의거하여
*Auge(n)*의 상태로 희로애락의 감정과 사랑, 슬픔, 감격, 불행, 재미,
욕심 등 다양한 감정상태를 표현한다.

2) [눈의 상태로 신체상태를 대신함]

(62가)의 한국어 관용어 *눈자위가 꺼지다* '죽다'는 죽은 신체상태를
눈 언저리에 생명력이 사라진 상태로 표현한다. (62나)의 *눈에 헛거미
가 잡히다* '굶어서 기운이 빠져 눈앞이 아물거리다'는 굶어서 기운이
빠진 신체상태를 눈앞이 아물거리는 것으로 나타낸다. (62다)의 *눈에
딱정벌레가 왔다 갔다 하다* '어지러워서 갑자기 눈이 아찔아찔하여 사
물을 제대로 못 보다'는 어지러워서 갑자기 정신이 혼미해지는 신체상
태를 눈이 아찔아찔한 것으로 나타낸다.

(62가) 경찰들은 눈사태 현장에서 *눈자위가 꺼진* 사람들을 끌어 내렸다.

(62나) 다이어트 때문에 요 며칠 굶었더니 *눈에 헛거미가 잡히는 것 같*
아요.

(62다) 나이가 들어서 그런지 요즘은 가끔씩 *눈에 딱정벌레가 왔다 갔*
다 할 때가 있다.

언급한 (62가, 나, 다)의 관용어에서와 같이 한국인들은 (51)의
ICM을 기반으로 하는 환유적 개념구조 [결과로 원인을 대신함]의 하
위개념구조 [눈의 상태로 신체상태를 대신함]에 의거하여 눈의 상태
로 죽음의 상태, 굶어서 기운이 없는 상태, 어지러운 상태 등 다양한
신체상태를 표현한다.

(63)의 한국어 관용어 *눈이 돌다* '현기증이 날 정도로 바쁘다'는 쉴
겨를 없이 바삐 움직여야 하는 신체상태를 눈이 돌아 현기증이 날 정
도의 상태로 표현한다.

(63) 너무 할 일이 많아 *눈이 돌* 지경이다.

(63)의 관용어에서와 같이 한국인들은 (51)의 ICM을 기반으로 하
는 환유적 개념구조 [결과로 원인을 대신함]에 속하는 [눈의 상태로
신체상태를 대신함]에 의거하여 눈으로 너무 바빠서 현기증이 나는 신
체상태를 표현한다.

장시간의 컴퓨터작업이나 심한 육체노동 등으로 피로감을 느낄 때,
사람들은 눈을 작게 뜨거나 거의 뜨지 못하는 상태에 이르게 된다. 눈
의 상태와 신체상태 간의 환유관계를 나타내는 (64가)의 독일어 관용
어 *kleine Augen machen* '(눈을 뜨지 못할 정도로) 몹시 피곤하다'와

(64나)의 *kaum die Augen aufhalten können* '몹시 피곤하다'는 몹시 피곤한 신체상태를 눈을 거의 뜨지 못하는 상태로 나타낸다. (64다)의 *jmds. Augen brechen* '누가 영면하다/영원히 잠들다'는 죽음의 상태를 눈이 찢어지거나 깨져서 시각적 기능이 정지된 상태로 나타낸다. (64라)의 *die Augen auf Null stellen/drehen* '죽다'/'눈을 감다'는 죽음의 상태를 눈의 기능이 영이 되는 것으로 표현한다. (64마)의 *die Augen zumachen/schließen/zutun* '눈을 감다'/'죽다'는 죽음의 상태를 눈이 잠긴 상태로 표현한다. (64바)의 *die Augen aufmachen* '깨어나다'는 혼수상태에서 깨어나는 것을 눈을 뜨는 것으로 표현한다.

(64가) Du gehst ins Bett, du *machst* ja schon ganz *kleine Augen*.
'어서 가서 자지 그래. 너 몹시 피곤하잖아.'

(64나) Du hast den ganzen Tag geackert. Es is kein Wunder,
dass du *kaum* noch *die Augen aufhalten kannst*.
'하루 종일 쟁기질을 했으니, 몹시 피곤한 것은 너무 당연하지 뭐.'

(64다) *Seine Augen sind* vor Sonnenuntergang *gebrochen*.
'그는 일몰 전에 영원히 잠들었다.'

(64라) Ich hatte tierisch Schiss, dass mein Kollege *die Augen auf Null stellte/drehte*.
'나는 내 동료가 죽었다는 사실에 진짜 겁을 먹었다.'

(64마) Mehr hatte der Alte eigentlich nie gewollt. Er hat ruhig *die Augen zugemacht/geschlossen/zugetan*.
'그 노인은 더 이상 아무 것도 원하지 않았다. 그는 조용히 눈을 감았다.'

(64바) Der Patient, der sich über zwei Wochen im Koma befunden hat, hat heute plötzlich *die Augen aufgemacht*.

'2주 동안 혼수상태에 빠졌던 환자가 오늘 갑자기 깨어났다.'

(64가, 나, 다, 라, 마, 바)의 관용어에서와 같이 독일인들도 (51)의 ICM을 기반으로 하는 환유적 개념구조 [결과로 원인을 대신함]의 하위개념구조 [눈의 상태로 신체상태를 대신함]에 의거하여 *Augen*으로 피곤하거나 혼수상태에서 깨어나거나 죽은 신체상태를 표현한다.

3) [눈의 상태로 정신상태를 대신함]

독일인들과 달리 한국인들은 눈의 상태로 정신상태를 표현하기도 한다. 예를 들면 (65가)의 한국어 관용어 *눈이/눈동자가 풀리다* '정신이 나가다'는 정신이 나간 상태를 눈/눈동자가 풀린 비정상적인 상태로 나타낸다. (65나)의 *눈이 돌다/뒤집히다* '제정신이 아니다'는 이성을 잃을 정도로 어떤 일에 집착하여 정신을 차리지 못하는 상태를 눈이 돌거나 뒤집히는 비정상적인 상태로 나타낸다. (65다)의 *눈이 번쩍 뜨이다* '정신이 갑자기 들다'는 기대하지 않았던 일로 인해 정신이 드는 상태를 감았던 눈이 갑자기 뜨이는 상태로 나타낸다. (65라)의 한국어 관용어 *눈에 헛거미가 잡히다*는 (62나)에서와는 달리 '욕심에 눈이 어두워 사물을 바로 보지 못하다'의 의미로 사용된다. 즉 욕심이 눈앞을 가려 사물을 제대로 판단하지 못하는 정신상태를 나타낸다. (65마)의 *눈에 풀칠하다* '감은 눈으로 보듯이 사물을 잘못 보다'는 눈에 풀칠을 하면 눈꺼풀이 붙어서 제대로 볼 수 없듯이, 다른 어떤 것에 마음을 빼앗겨 사리 분별을 하지 못하는 정신상태를 나타낸다. (65바)의 *눈에 황달이 떴다* '한 가지 일에 너무 열중하다보니 모든 것이 그처

럼 보이다'는 눈에 황달이 떠서 뿌옇게 보이듯이, 한 가지 일에 너무
열중하여 다른 것들도 모두 그렇게 보이는 정신상태를 나타낸다.

> (65가) 남편이 죽었다는 충격적인 소식에 아내의 *눈/눈동자가 풀려* 있
> 었다.
> (65나) 학원은 가지 않고 방에서 게임 만 하는 아들을 생각하면 *눈이*
> *돈다/뒤집힌다.*
> (65다) 편지 끝에 친필로 쓴 아버지 이름 석 자를 보니 갑자기 *눈이 번*
> *쩍 뜨여* 술이 깨는 것 같았다.
> (65라) 죄송합니다. 제가 너무 한 가지 일에 집착하다 보니, *눈에 헛거*
> *미가 잡혔나* 봅니다.
> (65마) *눈에 풀칠한* 듯 사물을 보면 안 돼. 세상은 너무 무서워.
> (65바) *눈에 황달이 떴을* 정도로 그는 도자기 만드는 일에 올인했다.

　(65가, 나, 다, 라, 마, 바)의 한국어 관용어에서와 같이 한국인들은
(51)의 ICM을 기반으로 하는 환유적 개념구조〔부분개념으로 부분개
념을 대신함〕에 속하는〔결과로 원인을 대신함〕의 하위개념구조〔눈의
상태로 정신상태를 대신함〕에 의거하여 눈으로 여러 가지의 정신상태
를 표현한다.

3.4.3. 손 〔손의 상태로 마음상태를 대신함〕

　한국인과 독일인들은 사람들의 마음상태를 손의 상태로 표현하기도
한다. 예를 들면 손이 따뜻한 사람은 마음이 따뜻해서 다른 사람들을
잘 보살핀다고 생각한다. 이는 손이 마음과 연결되어 있듯이 신체적

증상, 즉 손의 따뜻함으로 내면적 상태, 즉 마음의 따뜻함을 표출하는 인간의 인과적 사고에 기인하는 것으로 본다. 따라서 손의 상태로 사람의 다양한 마음상태를 표출하는 한국인과 독일인들의 언어사용은 (51)의 ICM에서 도출되는 환유적 개념구조 〔부분개념으로 부분개념을 대신함〕에 속하는 〔결과로 원인을 대신함〕의 하위개념구조 〔손의 상태로 마음상태를 대신함〕으로 설명된다.

예를 들면 (66가)의 한국어 관용어 *손이 크다* '아량이나 배포, 씀씀이 등이 넉넉하다'는 마음이 후하고 넉넉하여 남에게 베푸는 인심이 두텁다는 것을 손이 큰 것으로 표현한다. 반대로 (66나)의 *손이 작다* '물건이나 재물의 씀씀이가 인색하고 깐깐하다'는 마음이 후하지 못하고 남에게 베푸는 인심이 박한 것을 손이 작은 것으로 표현한다. (66다)의 *손이 맑다* '남에게 물건이나 돈을 주는 품이 후하지 못하다'는 마음이 후하지 못하고 남을 동정하는 마음이 박한 것을 손이 넉넉하지 못하고 야멸친 것으로 표현한다. (66라)의 *손에 잡히다* '마음이 차분해져서 능률이 나다'는 마음이 가라앉고 차분해져서 일할 생각이 들고, 아울러 능률도 생기는 상태를 일거리가 손에 잡혀서, 능률적으로 일을 해내는 것으로 표현한다.

(66가) 꼭 많이 가졌다고 *손이 큰* 것은 아니네.

(66나) 그 사람은 석유재벌임에도 불구하고 기부하는 것을 보면 너무 *손이 작은* 것 같아.

(66다) 우리 사장님은 손이 상당히 *맑은* 사람인데, 2015년부터는 직원들에게 엄청난 복지정책을 쓴다고 하네.

(66라) 엄마가 아프시다는 말에 마음이 산란해서 일이 *손에 잡히지* 않는다.

(66가, 나, 다, 라)의 한국어 관용어에서 언급하였듯이, 한국인들은 (51)의 ICM을 기반으로 하는 환유적 개념구조 [부분개념으로 부분개념을 대신함]에 속하는 [결과로 원인을 대신함]의 하위개념구조 [손의 상태로 마음상태를 대신함]에 의거하여 손으로 사람의 여러 가지 마음상태를 표현한다.

(67)의 독일어 관용어 *eine milde Hand haben* '인심이 좋다'/'관대하다'도 남의 딱한 사정을 헤아려 도와주는 너그러운 마음을 손이 온화하거나 따뜻한 상태로 나타낸다.

> (67) In unserem Projekt ist Hans der einzige, der *eine milde Hand hat.*
> '우리 프로젝트에서 한스가 유일하게 인심이 좋은 사람이다.'

독일인들도 (67)의 독일어 관용어에서와 같이 환유적 개념구조 (51)의 ICM에서 도출되는 [부분개념으로 부분개념을 대신함]에 속하는 [결과로 원인을 대신함]의 하위개념구조 [손의 상태로 마음상태를 대신함]에 의거하여 *Hand*로 사람의 마음상태를 표현한다.

3.4.4. 피

신체에 나타나는 외적 증상으로 인간의 내적 상태를 표현하려는 한국인과 독일인들의 인과적 언어사용은 신체기관인 피의 경우에서도 나타난다. 따라서 *피/Blut*로 다양한 의미를 나타내는 한국인과 독일인들의 언어사용도 (51)의 ICM에서 도출되는 환유적 개념구조 [부분개념으로 부분개념을 대신함]에 속하는 [결과로 원인을 대신함]의 하위개념구조들로 설명된다.

1) [피의 상태로 신체상태를 대신함]

일반적으로 사람들은 얼굴 혈색이 좋으면, 건강상태가 좋은 것으로 생각한다. 인과적인 측면에서 건강상태가 좋은 것과 얼굴 혈색이 좋은 것은 원인과 결과의 관계에 놓인다. 이를 근간으로 얼굴에 나타나는 핏기, 즉 혈색상태로 건강상태를 표출하는 한국인과 독일인들의 언어사용을 설명해 보자.

(68)의 한국어 관용어 *핏기가 가시다/없다* '기운이 없고 건강이 좋지 않다'는 건강이 좋지 않은 신체상태를 사람의 얼굴피부에 감도는 피의 기운, 즉 핏기가 없는 것으로 표현한다.

(68) 너 오늘 유난히 *핏기가 없어* 보여. 집에 가서 쉬지 그래.

(68)의 관용어에서와 같이 한국인들은 (51)의 ICM에서 도출되는 환유적 개념구조 [부분개념으로 부분개념을 대신함]에 속하는 [결과로 원인을 대신함]의 하위개념구조 [피의 상태로 신체상태를 대신함]에 의거하여 *핏기*의 *피*로 건강상태를 표현한다.

(69)의 독일어 관용어 *wie Milch und Blut aussehen* '건강해 보이다'도 건강한 상태를 얼굴의 핏기가 좋아서 생기 있어 보이는 것으로 나타낸다.

(69) Seine Frau *sah* immer *aus wie Milch und Blut aus.*
그의 부인은 늘 건강해 보였다.

독일인들도 (69)의 관용어에서와 같이 (51)의 ICM에서 도출되는 환유적 개념구조 〔부분개념으로 부분개념을 대신함〕에 속하는 〔결과로 원인을 대신함〕의 하위개념구조 〔피의 상태로 신체상태를 대신함〕에 의거하여 *핏기/Blut*로 건강상태를 표현한다.

2) [피의 상태로 감정상태를 대신함]

분노하면 근육이 긴장하고, 심장박동이 상승하고, 심한 경우에는 위나 식도에서 출혈하는 증상이 나타나기도 한다. 결국 피를 토하는 신체증상은 분노하기 때문에 나타나는 결과적 증상이다. 이러한 인과적 맥락에서 (70)의 한국어 관용어 *피를 토하다* '격렬한 의분을 터뜨리다'는 심한 분노의 감정을 참지 못하는 것을 피를 토하는 것으로 나타낸다.

(70) 위안부 할머니들은 일본의 만행을 *피를 토하며* 규탄하고 있다.

(70)의 한국어 관용어에서와 같이 한국인들은 (51)의 ICM에서 도출되는 환유적 개념구조 〔부분개념으로 부분개념을 대신함〕에 속하는 〔결과로 원인을 대신함〕의 하위개념구조 〔피의 상태로 감정상태를 대신함〕에 의거하여 *피*로 분노의 감정을 표현한다.

*Blut*로 감정을 나타내는 독일어 표현은 흔하지 않다. 그럼에도 불구하고 형용사 *blutrünstig* '피에 굶주린'에서 *피*는 누구를 죽이거나 다치게 해서 피 흘리게 하려고 하는 악한 감정을 나타낸다.

3.4.5. 빨간색

사람들은 누군가의 신체에 드러나는 빨간색의 증상들을 보고, 그의 정신상태, 신체상태 등을 짐작하기도 한다. 이를 반영하여 한국인과 독일인들은 신체에 나타나는 빨간색의 증상들로 정신상태나 신체상태를 표출한다. 이를 보여주는 한국인과 독일인들의 인과적 언어사용도 (51)의 ICM을 기반으로 하는 환유적 개념구조 [부분개념으로 부분개념을 대신함]에 속하는 [결과로 원인을 대신함]의 하위개념구조들로 설명된다. 먼저 빨간색의 신체증상으로 감정상태를 나타내는 한국인과 독일인들의 언어사용을 보자.

1) [빨간색의 신체증상으로 감정상태를 대신함]

3.4.1.에서 언급했듯이 감정상태는 얼굴의 붉어짐 같은 신체증상으로 표출된다. 예를 들어 화가 나면, 근육이 긴장되고, 혈압이 상승하고, 심장박동이 증가하고, 열이 상승하여, 이로 인해 얼굴이 붉어진다.40) (71가)의 한국어 관용어 *얼굴/낯을 붉히다*는 (53나)에서도 언급했듯이, 얼굴이 붉어지는 생리적 현상으로 그 상태를 야기한 화의 감정을 나타낸다. (71나)의 관용어 *얼굴이 빨개지다/붉어지다* '화가 나다'41)와 (71다)의 *(얼굴이) 붉으락푸르락해지다/붉으락누르락해지*

---

40) 조영수(2003 : 146)는 한국인이 화를 붉은 색으로 표현하지 않는다는 입장을 제시한다. 필자는 빨간색이 화의 감정 말고도 부끄러움, 당황, 슬픔, 감동, 욕심 등 여러 가지 감정을 표출한다고 생각한다.
41) 조영수(2003 : 153)는 *얼굴이 빨개지다*의 *빨개지다*를 "색깔 자체"로 분류하고 있는데, 정확히 이것이 무엇을 의미하는지 분명하지 않다.

다 '화가 단단히 나다'/'파르르 화를 내다'/'몹시 화가 나 어쩔 줄을 모르다'42)도 얼굴이 붉어지는 생리적 현상으로 그것을 야기한 화의 감정상태를 나타낸다.

> (71가) 중간 소음문제로 *얼굴/낯을 붉히면서* 싸우는 이웃들을 종종 목격한다.
> (71나) 삼촌이 하는 짓 때문에 화가 치밀어 *얼굴이 빨개졌다/붉어졌다.*
> (71다) 엄마가 이 이야기를 들으면, 분명히 얼굴이 *붉으락푸르락/붉으락누르락해질* 거다.

(71가, 나, 다)의 한국어 관용어에서처럼 한국인들은 (51)의 ICM을 기저로 하는 환유적 개념구조 [부분개념으로 부분개념을 대신함]에 속하는 [결과로 원인을 대신함]의 하위개념구조 [빨간색의 신체증상으로 감정상태를 대신함]에 의거하여 빨간색의 신체증상을 나타내는 *붉히다, 빨개지다, 붉어지다, 붉으락푸르락해지다*로 화의 감정상태를 표현한다.

(72)의 독일어 관용어 *vor Wut einen roten Kopf bekommen* '화가 나서 얼굴이 시뻘개 지다'도 화가 난 상태를 얼굴이 빨개지는 생리적 증상으로 표현한다.43)

---

42) 조영수(2003 : 147)에서 *붉으락푸르락하다*에서 빨강색을 '많은/대단히'의 뜻으로 분류하고 있는데, 왜 그렇게 분류되는지 전혀 언급이 없다.

43) 투우경기장에서 소는 투우사가 휘두른 붉은 색의 천을 보면, 화가 나서 덤벼든다. 여기서 붉은 색의 천은 화를 돋우는 원인 제공자가 된다. 독일인들은 이러한 투우경기장의 상황에 동인된 (i)과 (ii)의 독일어 관용어 *wie ein rotes Tuch auf jmdn. wirken* '누구를 몹시 화나게 하다'와 *ein rotes Tuch für jmdn. sein* '누구를 화나게 하다'에서 *ein rotes Tuch*는 누구를 화나게 하는 원인 제공요소이다. 같

(72) Mein Vater hat vor Wut einen *roten Kopf bekommen.*
　　'우리 아버지는 화가 나서 얼굴이 시뻘개 지셨다.'

　언급한 (72)의 독일어 관용어에서 보았듯이 독일인들도 (51)의 ICM에서 도출되는 환유적 개념구조 〔결과로 원인을 대신함〕의 하위 개념구조 〔빨간색의 신체증상으로 감정상태를 대신함〕에 의거하여 *rot* 로 화의 감정상태를 표현한다.

　(73가)의 한국어 관용어 *얼굴/낯을 붉히다* '부끄러워하다'는 이미 (53가)에서 언급하였듯이, 부끄러워하는 감정을 피가 머리위로 올라가서 얼굴이 빨개지는 생리적 현상으로 나타낸다. (73나)의 *얼굴이 붉어지다/빨개지다* '부끄럽게 되다'도 유사하게 설명된다. 부끄러움이 심

　은 상황에서 동인된 (iii)의 *rot sehen* '매우 화가 나다'도 소가 붉은 색 천을 보고 화가 나서 덤벼들 듯이 누군가가 빨간색을 보고 화를 내는 것을 나타낸다(조영수 (2003 : 151)는 *rot sehen*에서 *rot*의 의미를 '나쁜'으로 보고 있는데, 왜 그렇게 보는지 이해하기가 어렵다.).
(i) Uniformen jeder Art *wirken auf ihn wie ein rotes Tuch.*
　'모든 종류의 제복은 그를 몹시 화나게 한다.'
(ii) *Für ihn sind* wir jetzt *ein rote Tuch.*
　'우리는 지금 그를 몹시 화나게 하고 있다.'
(iii) Grüne Abgeordnete *sehen rot.*
　'녹색당 의원들이 화를 내고 있다.'
이 경우 독일인들의 언어사용은 (50)의 ICM에 의거한 (iv)의 ICM에서 도출되는 환유적 개념구조 〔부분개념으로 부분개념을 대신함〕에 속하는 〔원인으로 결과를 대신함〕의 하위개념구조 〔빨간색으로 감정상태를 대신함〕을 근간으로 하여 화의 감정상태를 *rot*로 표현한다.
(iv) （감정상태 전체 ICM）
　　　원인 : 원인제공자
　　　결과 : 감정상태
빨강색의 지각적 자극과 화의 범주 사이의 연관성을 실험을 통해 설명하는 Fetterman/Robinson/Meier(2012)도 참조하기 바란다.

하면, 얼굴뿐만이 아니라 귀까지 빨개진다. 이를 나타내는 (73다)의 *귀밑이 빨개지다* '부끄러워하다'는 부끄러워하는 감정을 귀밑까지 빨개지는 것으로 나타낸다. (53다)에서 언급한 바 있는 *얼굴이 홍당무가 되다* '부끄럽거나 창피하여 얼굴이 붉어지다'는 (73라)에서는 수줍거나 창피한 감정을 얼굴이 홍당무같이 붉어지는 것으로 나타낸다.

> (73가) 결혼하자는 말에 그녀는 *얼굴/낯을 붉혔다.*
> (73나) 결혼하자는 말에 *얼굴이 붉어지는/빨개지는* 것을 보니, 그가 싫지는 않은가 보다.
> (73다) 그 정도 말에 *귀밑이 빨개지면*, 앞으로 사회생활은 어떻게 하려는지.
> (73라) 사랑한다는 말에 여자 친구는 *얼굴이 홍당무가 되어* 어쩔 줄 몰라 했다.

한국인들은 (73가, 나, 다, 라)의 한국어 관용어에서와 같이 (51)의 ICM을 기반으로 하는 환유적 개념구조 [부분개념으로 부분개념을 대신함]에 속하는 [결과로 원인을 대신함]의 하위개념구조 [빨간색의 신체증상으로 감정상태를 대신함]에 의거하여 빨간색의 신체증상을 나타내는 *붉히다, 붉어지다/빨개지다,* 홍당무의 *홍(紅)*으로 부끄러워하는 감정상태를 나타낸다.

(74)의 독일어 관용어 *mit roten Ohren abziehen* '부끄러워서 사라져 버리다'는 부끄럽거나 당황한 감정상태를 피가 머리까지 올라가 귀가 빨개지는 것으로 표현한다.

> (74) Als er das dritte Spiel verloren hatte, *zog er mit roten*

Ohren ab.
'그는 세 번째 경기에 졌을 때, 부끄러워서 사라져 버렸다'

　독일인들도 (74)의 관용어에서 보았듯이 (51)의 ICM에서 도출되는 환유적 개념구조〔결과로 원인을 대신함〕의 하위개념구조〔빨간색의 신체증상으로 감정상태를 대신함〕에 의거하여 *rot*로 표출되는 신체 증상으로 부끄러워하는 감정상태를 표현한다.

　의외의 일을 당하여 어리둥절해 하거나 어찌할 바를 몰라 당황할 때에도 안면으로 피가 몰려 얼굴이 붉어진다. 그래서 (73나, 라)에서 부끄러움을 나타내는 *얼굴이 붉어지다/빨개지다*와 *얼굴이 홍당무가 되다*는 (75가, 나)에서는 '당황하다'의 의미로 사용된다. 즉, (75가, 나)에서 이 관용어들은 잘못된 것을 깨닫고 놀라서 어리둥절하여 당황하게 되는 감정을 얼굴이 붉어지는 것으로 표현한다.

(75가) 내 여동생은 당황한 기색이 역력했다. *얼굴이 붉어지다/빨개지다* 못해 아주 새빨개졌을 정도다.
(75나) 김과장님은 여직원들 앞에서 바지지퍼가 잠겨 있지 않은 것을 알고, *얼굴이 홍당무가 되었다.*

　(75가, 나)의 한국어 관용어에서와 같이 한국인들은 (51)의 ICM을 기반으로 하는 환유적 개념구조〔결과로 원인을 대신함〕의 하위개념구조〔빨간색으로 감정상태를 대신함〕에 의거하여 빨간색의 신체증상을 나타내는 *붉어지다/빨개지다*와 홍당무의 홍(紅)으로 당황해 하는 감정상태를 표현한다.

　슬프거나 감동을 받으면, 눈시울이 붉어지곤 한다. 이를 나타내는 한국어 관용어 *눈시울을 붉히다*는 (76가)에서는 '슬퍼하다'의 의미로 그리고 (76나)에서는 '감동하다'의 의미로 사용된다. 즉, 눈시울이 붉어지는 것을 보고 상황에 따라 상대방이 슬퍼하는지 아니면 감동받고 있는지 인지하게 된다.

> (76가) 입대한 아들이 보낸 첫 번째 편지를 읽으면서 엄마는 *눈시울을 붉히며* 참았던 눈물을 흘리고 말았다.
> (76나) 대상을 받은 연예인들은 늘 가족에게 감사한다며 *눈시울을 붉힌다*.

한국인들은 (76가, 나)의 한국어 관용어에서와 같이 (51)의 ICM을 근간으로 하는 환유적 개념구조 〔부분개념으로 부분개념을 대신함〕에 속하는 〔결과로 원인을 대신함〕의 하위개념구조 〔빨간색의 신체증상으로 감정상태를 대신함〕에 의거하여 빨간색의 신체증상을 나타내는 *붉히다*로 슬픔과 감동의 감정상태를 표현한다.

(77)의 독일어 관용어 *sich die Augen rot weinen* '매우 슬프게 울다'는 매우 슬프게 우는 감정을 눈이 붉어지도록 많이 우는 것으로 표현한다.

> (77) Das Mädchen *weint sich die Augen rot.*
> '그 여자 아이는 매우 슬프게 울고 있다.'

독일인들도 (77)의 독일어 관용어에서와 같이 (51)의 ICM을 기반으로 하는 환유적 개념구조 〔결과로 원인을 대신함〕의 하위개념구조 〔빨간색의 신체증상으로 감정상태를 대신함〕에 의거하여 *rot*로 표출되는 신체증상으로 슬픈 감정상태를 표현한다.

사람들은 분수에 넘게 재물에 탐을 내면, 눈에 불을 켜고 소유하려고 한다. 바로 (78)의 한국어 관용어 *눈이 벌겋다* '이익을 추구하다'가 이에 비유된다. 즉 이 관용어에서 제물 등 자기에게 이익이 되는 것을 얻기 위해 눈에 불을 켜듯이 시뻘건 눈으로 달려드는 것을 나타낸다.

(78) 젊은 사람이 돈에 *눈이 벌겋게* 되어 날뛰는 것을 보면, 기가 막힌다.

이렇게 한국인들은 (51)의 ICM에서 도출되는 환유적 개념구조 〔부분개념으로 부분개념을 대신함〕에 속하는 〔결과로 원인을 대신함〕의 하위개념구조 〔빨간색의 신체증상으로 감정상태를 대신함〕에 의거하여 *벌겋다*로 무언가를 분수에 넘치게 가지려고 욕심내는 감정상태를 표현한다.

2) 〔빨간색의 신체증상으로 신체상태를 대신함〕

한국인과 독일인들은 신체의 건강상태를 핏기가 도는 불그스름한 얼굴색으로 표출하기도 한다. 다시 말하면 한국인과 독일인들은 얼굴에 혈색이 돌거나 핏기가 도는 붉은 색으로 건강한 신체상태를, 그리고 핏기가 없거나 핏기를 잃는 것으로 건강하지 못한 또는 건강을 잃은 신체상태를 표현한다. 이를 반영한 (79가, 나)의 한국어 관용어 *혈색이 돌다/핏기가 돌다* '기운을 차리다'와 *핏기가 없다/핏기를 잃다* '기운이 없다'가 핏기가 돌면 건강상태가 좋은 것으로, 그리고 핏기를 잃으면 건강상태가 좋지 않은 것으로 나타낸다. (79다)의 홍안(紅顔) '젊

어서 혈색이 좋은 얼굴'은 젊고 혈색이 도는 붉은 얼굴로 건강한 얼굴
을 나타낸다.

> (79가) 얼굴에 *혈색이/핏기가* 도는 것을 보니, 병이 다 나은 것 같다.
> (79나) 너 오늘 왜 그리 얼굴에 *핏기가 없니/핏기를 잃었니*.
> (79다) 20대 *홍안*을 자랑하던 젊음은 어디로 갔는가. 세월이 무상하다.

  (79가, 나, 다)의 관용어에서 보았듯이 한국인들은 (51)의 ICM에
서 도출되는 환유적 개념구조〔부분개념으로 부분개념을 대신함〕에
속하는〔결과로 원인을 대신함〕의 하위개념구조〔빨간색의 신체증상
으로 신체상태를 대신함〕에 의거하여 빨간색의 신체증상을 나타내는
혈색, 핏기 그리고 *홍안의 홍(紅)*으로 건강한 신체상태를 표현한다.
  (80가)의 독일어 관용어 *Salz und Brot macht Wangen rot.* '영
양이 좋으면 건강을 유지하게 된다.'에서 *Wangen rot machen*은 좋
은 영양섭취로 인해 얻게 되는 건강한 상태를 볼이 붉은 것으로 나타
낸다. 얼굴이 불그스레한 건강한 사람에게도 예고 없이 죽음이 찾아온
다는 것을 나타내는 (80나)의 *heute rot, morgen tot* '오늘은 홍안(紅
顔), 내일은 백골'에서도 *rot*는 건강한 신체상태를 표현한다. (81다)의
wie Milch und Blut aussehen '건강하고 깨끗한 외모를 지니다'는
붉은 색깔과 우유빛 색깔로 건강하고 말끔한 외모를 나타낸다.

> (80가) *Salz und Brot macht Wangen rot.*
>   '영양이 좋으면 건강을 유지하게 된다.'
> (80나) *heute rot, morgen tot.*
>   '죽음은 예고 없이 찾아온다.'

(80다) Seine Frau *sah immer aus wie Milch und Blut.*
　　　　'그의 부인은 늘 건강하고 싱싱한 외모를 지녔었다.'

독일인들도 (80가, 나, 다)의 독일어 관용어에서와 같이 (51)의 ICM에서 도출되는 환유적 개념구조〔결과로 원인을 대신함〕에 속하는〔빨간색의 신체증상으로 신체상태를 대신함〕에 의거하여 *rot*로 영양상태가 양호한 건강한 신체상태를 표현한다.

누군가에게 따귀를 맞으면 얼굴이 벌겋게 달아오르고 심하면 귀까지 벌개 진다. 이에 비유하여 한국인과 독일인들은 빨간색으로 폭력당한 신체상태를 표현하기도 한다. 예를 들면 (81)의 한국어 관용어 *얼굴이 벌겋다* '따귀를 맞다'는 누군가로부터 따귀를 맞아서 얼굴이 벌겋게 된 상태를 나타낸다. (82가, 나)의 독일어 관용어 *ein Satz rote Ohren* '따귀 몇 대 때리기'와 *Es gibt gleich rote Ohren* '위협용으로 뺨을 몇 대 때리다'도 누구에게 따귀 몇 대 때려서 귀부분이 벌겋게 되는 상태를 나타낸다.

　(81) 거짓말을 하도 자주 해서 뺨을 몇 대 때렸을 뿐인데, 아직도 *얼굴*
　　　*이 벌겋다*고 하네.
　(82가) Der Kerl hat gleich *einen Satz rote Ohren* gekriegt.
　　　　'그 녀석은 바로 따귀 몇 대를 맞았다.'
　(82나) *Es gab gleich rote Ohren.*
　　　　'위협하려고 뺨을 몇 번 때렸다.'

언급한 (81)과 (82가, 나)의 한국어와 독일어 관용어에서 보았듯이 한국인과 독일인들은 (51)의 ICM에서 도출되는 환유적 개념구조〔부분개념으로 부분개념을 대신함)에 속하는 [결과로 원인을 대신함]의 하위개념구조 [빨간색의 신체증상으로 신체상태를 대신함]에 의거하여 빨간색의 신체증상을 나타내는 *벌겋다*와 *rot*로 누군가에게 뺨을 맞아서 벌겋게 된 신체상태를 표현한다.

　대부분의 감정상태, 신체상태, 정신상태는 외부적으로 관찰되는 여러 가지 생리적 증상들을 동반한다. 그래서 사람들은 상대방의 신체에 나타나는 외부적인 증상들을 보고 그의 여러 가지 상태들을 알아차린다. 이러한 인과적 사고를 근간으로 하여 한국인과 독일인들은 얼굴, 눈, 손, 피, 그리고 빨간색으로 나타나는 신체의 증상으로 감정상태, 정신상태 그리고 신체상태를 표출한다.

　부끄러움, 화, 흥분 같은 감정은 얼굴에 열을 발생하게 하여, 얼굴을 화끈거리게 하고, 얼굴을 붉어지게 한다. 아울러 누군가가 혈색이 좋으면, 그의 건강상태가 양호한 것으로 여기고, 누군가의 얼굴에 구김이 없고 표정이 환하면, 그의 처지가 좋은 것으로 여긴다. 이러한 경험을 근간으로 한국인과 독일인들은 환유적 개념구조 [부분개념으로 부분개념을 대신함]에 속하는 [결과로 원인을 대신함]의 하위개념구조, 즉 [얼굴의 열로 감정상태를 대신함], [얼굴색으로 감정상태를 대신함], [얼굴피부두께로 감정상태를 대신함], [얼굴색으로 신체상태를 대신함], [얼굴모습으로 처지/신체상태를 대신함], [얼굴표정으로 감정상태를 대신함]에 의거하여 *얼굴/Gesicht*로 감정상태나 신체상태를 그리고 흔치는 않지만 처해 있는 현재의 상태를 표현한다.

　눈물이 고인 눈의 상태, 눈의 색깔, 눈의 표정 및 모양 등을 통해서

도 한국인과 독일인들은 감정상태, 신체상태, 정신상태를 표출하기도 한다. 이러한 언어사용도 환유적 개념구조 〔부분개념으로 부분개념을 대신함〕에 속하는 〔결과로 원인을 대신함〕의 하위개념구조로 설명된다. 즉 한국인과 독일인들은 〔눈의 상태로 감정상태를 대신함〕, 〔눈의 상태로 신체상태를 대신함〕, 〔눈의 상태로 정신상태를 대신함〕의 개념구조에 의거하여 눈/Auge(n)의 상태로 감정상태, 신체상태 그리고 정신상태를 표현한다.

누군가의 손이 따뜻하거나 온화(溫和)하면, 그의 마음이 따뜻하고 너그러운 것으로 여긴다. 이러한 경험을 기반으로 하는 한국인과 독일인들의 언어사용도 환유적 개념구조 〔부분개념으로 부분개념을 대신함〕에 속하는 〔결과로 원인을 대신함〕의 하위개념구조 〔손의 상태로 마음상태를 대신함〕에 의거하여 손/Hand의 상태로 마음상태를 표현한다.

한국인과 독일인들은 외부적으로 드러나는 피의 여러 가지 상태로 인간의 감정상태와 신체상태를 표현한다. 이러한 한국인과 독일인들의 언어사용도 환유적 개념구조 〔부분개념으로 부분개념을 대신함〕에 속하는 〔결과로 원인을 대신함〕의 하위개념구조들로 설명된다. 즉 한국인과 독일인들은 〔피의 상태로 감정상태를 대신함〕와 〔피의 상태로 신체상태를 대신함〕에 의거하여 피/Blut가 나타내는 상태로 감정과 신체 상태를 표현한다.

사람들은 신체에 빨간색으로 드러나는 증상들을 보고 정신상태나 신체상태 등을 표현한다. 이러한 한국인과 독일인들의 인과적 언어사용도 환유적 개념구조 〔부분개념으로 부분개념을 대신함〕에 속하는 〔결과로 원인을 대신함〕의 하위개념구조로 설명된다. 즉 한국인과 독일인들은 〔빨간색의 신체증상으로 감정상태를 대신함〕과 〔빨간색의 신체증상으로 신체상태를 대신함〕의 개념구조에 의거하여 빨간색의 신체증상으로 감정상태와 신체상태를 표현한다.

3.5. [부분개념으로 부분개념을 대신함] : [도구로 행위를 대신함]

한국인과 독일인들은 특정한 행위를 수행할 때 참여하는 도구로 바로 그 행위를 표현한다. 먼저 행위의 ICM을 규정해 보자. 특정한 행위가 수행되면, 그 행위에 참여하는 행위자가 있고, 상황에 따라 수동자와 도구도 있다. 그러므로 특정한 행위, 행위자, 수동자, 도구는 행위 수행의 구성성분이 된다. 뿐만 아니라 실제의 행위의 수행 후에 처하게 되는 상태 그리고 행위 수행에 걸리는 시간 등도 행위 수행의 구성성분들이 된다. 이를 근간으로 넓은 의미의 행위는 언급된 구성성분들로 이루어진 하나의 복합개념으로 규정된다. 넓은 의미의 행위개념의 ICM은 (50)의 ICM에 의거하여 (83)과 제시된다.

(83)　　(행위 ICM)

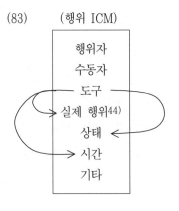

행위자
수동자
도구
실제 행위44)
상태
시간
기타

즉, (83)의 ICM은 "행위자", "수동자", "도구", "실제의 행위", "상태", "시간" 등 여러 가지 부분개념들로 구성된 넓은 의미의 행위개념을 나타낸다. 여기서 부분개념인 "실제의 행위"는 실제로 행해지는 특정한 행동을 말한다. (83)의 ICM에서는 부분개념과 부분개념 간의 환유관계, 예를 들면 도구와 행위, 도구와 상태, 도구와 시간 간의 환유관계들이 일어난다. 이러한 환유관계들에 의거한 한국인과 독일인들의 언어사용은 (83)의 ICM에서 도출되는 환유적 개념구조 [부분개념으로 부분개념을 대신함]에 속하는 [도구로 행위를 대신함], [도구로 상태를 대신함], [도구로 시간을 대신함]의 하위개념구조들로 설명된다.

먼저 (83)의 ICM에 의거하여 특정한 도구로 특정한 행위를 표출하는 한국인과 독일인들의 환유적 언어사용을 설명해 보자. 여기서는 실제 행위에 도구로 참여하는 신체기관인 눈과 손이 바로 실제의 행위를 표출하는 경우를 본다. 먼저 눈의 경우를 보자.

3.5.1. 눈

1) [눈으로 요구행위를 대신함]

사람들은 다른 사람들이 눈치 채지 않게 약속된 무언가를 조용히 요구할 때, 자기의 뜻을 특정한 눈동작으로 전하곤 한다. 이를 반영한 (84)의 한국어 관용어 *눈을 주다* '은근히 약속의 뜻을 보이어 눈짓을 주다'는 눈을 움직여서 상대방에게 어떤 뜻을 전달하거나 암시하려는

---

44) 여기서 행위는 실제의 구체적인 행위로서, 많은 경우 동사로 표현된다.

특정한 눈동작으로 이미 약속한 것을 요구하는 것을 나타낸다.

(84) 김 과장은 나에게 *눈을 주면서* 먼저 회의장을 조용히 빠져 나갔다.

따라서 한국인들은 (84)의 관용어에서와 같이 (83)의 ICM에서 도출되는 환유적 개념구조〔부분개념으로 부분개념을 대신함〕에 속하는〔도구로 행위를 대신함〕의 하위개념구조〔눈으로 요구행위를 대신함〕에 의거하여 눈으로 무언가를 요구하는 행위를 표현한다.

중요한 계획을 눈 딱 감고 즉각 시행해야 하는 상황에서 사용되는 (85)의 독일어 관용어 *Augen zu und durch* '즉각 시행'은 이러 저러 고려 없이 무언가를 바로 직접 수행할 것을 요구하는 것을 눈을 감는 동작으로 나타낸다.

(85) Die alte Bundesregierung hat nach dem Motto 〉〉*Augen zu und durch*〈〈 den Atommüll ins Ausland verschoben.
'이전 독일정부는 〉〉즉각 시행〈〈이라는 슬로건으로 핵폐기물을 독일 밖으로 옮겼다.'

독일인들도 (85)의 독일어 관용어에서와 같이 (83)의 ICM에서 도출되는 환유적 개념구조〔부분개념으로 부분개념을 대신함〕에 속하는〔도구로 행위를 대신함〕의 하위개념구조〔눈으로 요구행위를 대신함〕에 의거하여 눈으로 무언가를 요구하는 행위를 표현한다.

2) [눈으로 묵과행위를 대신함]

누군가가 규정에 어긋난 행동을 했을 때, 사람들은 눈을 질끈 감으며 이를 보지 않은 것으로 묵과해 주기도 한다. 이에 비유되는 (86)의 한국어 관용어 *눈감아 주다* '봐주다'는 상대방의 잘못을 덮어 주는 것을 눈을 감아주는 것으로 나타낸다.

(86) 오늘 한 짓을 *눈감아 줄 테니*, 다시는 내 앞에 나타나지 마.

(87)의 독일어 관용어 *ein Auge/beide Augen zudrücken* '너그럽게 눈감아 주다'도 남의 잘못을 알고도 너그럽게 모르는 척하는 행동을 눈감아 주는 것으로 나타낸다.

(87) Der Lehrer hat noch einmal *ein Auge/beide Augen zugedrückt* und so konnten sie eine Stunde lang glücklich auf der Straße spielen.
'선생님이 다시 한 번 너그럽게 눈감아주셔서, 그들은 1시간 동안 길거리에서 신나게 놀 수 있었다.'

(86)과 (87)의 한국어와 독일어 관용어에서와 같이 한국인과 독일인들은 (83)의 ICM에서 도출되는 환유적 개념구조 [부분개념으로 부분개념을 대신함]에 속하는 [도구로 행위를 대신함]의 하위개념구조 [눈으로 묵과행위를 대신함]에 의거하여 눈/*Auge(n)*(으)로 누구의 잘못을 알고도 모르는 체 하는 묵과행위를 표현한다.

3) [눈으로 잠자는 행위를 대신함]

일반적으로 눈을 감으면, 잠자는 것으로 여긴다. 즉, 눈이 잠자는 행위에 일차적인 도구로 참여한다. 이에 비유되는 (88)의 한국어 관용어 *눈을 붙이다* '잠시 잠을 자다'는 잠자는 행동을 위와 아래의 눈꺼풀을 붙이는 것으로 나타낸다. (89)의 독일어 관용어 *kein Auge zutun/ zumachen* '잠을 자지 못하다'도 잠을 자지 못하는 것을 눈을 감지 못하는 것으로 나타낸다.

(88) 밤샘작업으로 피곤할 텐데, 잠깐이라도 *눈을 부치지* 그래.
(89) Sie hatte vor Kummer die ganze Nacht *kein Auge zugemacht/ zugetan*.
'그녀는 걱정 때문에 밤에 잠을 못 잤다.'

(88)과 (89)의 한국어와 독일어 관용어에서 보았듯이 한국인과 독일인들은 (83)의 ICM에서 도출되는 환유적 개념구조 [부분개념으로 부분개념을 대신함]에 속하는 [도구로 행위를 대신함]의 하위개념구조 [눈으로 잠자는 행위를 대신함]에 의거하여 *눈/Augen*으로 잠자는 행위를 표현한다.

우리 일상생활의 많은 일들이 손에서 이루어지듯이, 손은 정말 아주 많은 행위에 도구로 참여하는 대표적인 신체기관이다. 그래서 손은 아주 다양한 행위의 표출에 등장한다. 3.5.2.에서는 (83)의 ICM을 근간으로 행위를 손으로 표출하는 한국인과 독일인들의 환유적 언어사용을 설명한다.

3.5.2. 손

한국인과 독일인들은 손으로 일반적인 활동이나 행동, 육체노동, 화해, 청혼 내지 결혼허락, 위협, 요구, 거절 내지 저항, 결의나 결심, 자살, 악행, 방해, 매수, 용서나 아부, 의사소통, 도둑질, 훈계, 찬성, 셈, 항복 등 일상생활에서 일어나는 다양한 행위들을 표현한다.45) 먼저 손으로 일반적인 활동이나 행동을 표현하는 경우를 보자.

1) [손으로 활동을 대신함]

손의 기능이 정지되면 독립적인 삶의 지속이 어려울 정도로 손은 다양한 활동의 도구가 된다. 예를 들면 (90가)의 한국어 관용어 *손이 묶이다* '몸을 움직일 수 없어서 자유롭게 활동하지 못하다'는 몸을 움직이면서 자유롭게 활동해야 하는데, 손이 묶여서 그렇게 하지 못하는 것을 나타낸다. (90나)의 *손이 맞다* '누구와 함께 일할 때 생각이나 행동이 일치하다'는 누군가와 함께 일할 때 생각이나 행동이 서로 어긋나지 않고 잘 맞아서 함께 활동하는 데 문제가 없는 것을 나타낸다.

> (90가) 지난 번 부상으로 *손이 묶여서*, 그는 당분간 아무 일도 못한다.
> (90나) 그 친구와 나는 *손이* 척척 잘 *맞아서*, 일을 빨리 끝낼 수 있었다.

한국인들은 (90가, 나)의 한국어 관용어에서와 같이 (83)의 ICM에

---

45) 누군가가 샴푸로 머리를 감는다면, 머리감는 행동에 샴푸가 도구로 참여한다. Kövecses(2003 : 275)는 이를 설명하는 환유관계로 환유적 개념구조 〔도구로 행동을 대신함〕을 제시한다.

서 도출되는 환유적 개념구조〔부분개념으로 부분개념을 대신함〕에 속하는〔도구로 행위를 대신함〕의 하위개념구조〔손으로 활동을 대신함〕에 의거하여 손으로 직접 몸으로 행하는 임의의 활동이나 행동들을 표현한다.

독일어 관용어에서도 *Hand*는 온 몸으로 행하는 활동으로 표출된다. 예를 들면 (91가)의 *jmdm. sind die Hände/Hände und Füße gebunden* '손/손발이 묶여 자유롭게 활동하지 못하다'는 (90가)의 한국어 관용어 *손이 묶이다* '아무 활동도 할 수 없다'와 같이 손(과 발)이 묶여서 자유롭게 활동하지 못하는 것을 나타낸다. (91나)의 *freie Hand haben* '자유롭게 활동하다'는 손이 자유로워서 어느 누구한테도 구애받지 않고 자기 뜻대로 자유롭게 활동하는 것을 나타낸다. (91다)의 *reine/saubere Hände haben* '항상 예의바르게 행동하다'/'나쁜 행동을 하지 않다'와 (91라)의 *schmutzige Hände haben* '부도덕한 행동을 하다'도 형용사 *rein/sauber*와 *schmutzig*의 뉘앙스에 힘입어 예의 바른 행위와 부도덕한 행위를 행하는 것을 손이 깨끗하고 더러운 것으로 나타낸다.

> (91가) *Ihm sind die Hände/Hände und Füße gebunden.*
> '그는 손이/손발이 묶여 자유롭게 활동하지 못한다.'
> (91나) Sein Sohn *hat freie Hand*, egal wie man an ihn denkt.
> '그의 아들은 다른 사람들이 자기를 어떻게 생각하든 상관하지 않고 자유롭게 활동한다.'
> (91다) Hans *hat reine/saubere Hände.*
> '한스는 항상 예의바르게 행동한다.'
> (91라) Er hat *schmutzige Hände.*

'그는 부도덕한 행동을 한다.'

독일인들도 (91가, 나, 다, 라)의 독일어 관용어에서와 같이 (83)의 ICM에서 도출되는 환유적 개념구조 [부분개념으로 부분개념을 대신함]에 속하는 [도구로 행위를 대신함]의 하위개념구조 [손으로 활동을 대신함]에 의거하여 *Hände*로 직접 온몸으로 행하는 활동이나 행동을 표현한다.

2) [손으로 노동을 대신함]

손은 생계유지를 위한 육체노동의 도구이다. 그래서 그런지 한국인과 독일인들은 손으로 육체노동을 표현한다. 예를 들면 (92)의 한국어 관용어 *손이 가다* '일이 힘들어서 품, 노력 따위가 들다'는 많은 육체노동이 요구되는 것을 나타낸다. (93)의 독일어 관용어 *keine Hand rühren* '손 하나 까딱하지 않다'는 육체노동을 전혀 하지 않는 것을 나타낸다.

(92) 남자 아이 셋을 키우니, *손이 너무 많이 간다.*
(93) Im Haushalt *rührt* Maria *keine Hand*, das muss alles ihr Mann machen.
'마리아는 집안일에 손 하나 까딱하지 않고, 남편이 다 한다.'

(92)와 (93)의 한국어와 독일어 관용어에서와 같이 한국인과 독일인들은 (83)의 ICM에서 도출되는 환유적 개념구조 [부분개념으로 부분개념을 대신함]에 속하는 [도구로 행위를 대신함]46)의 하위개념구

조 〔손으로 노동을 대신함〕에 의거하여 *손/Hand*로 육체노동을 표현한다.

(94가)의 한국어 관용어 *손이 열 개라도 모자라다* '매우 바쁘다'/'할 일이 아주 많다'는 일할 손이 두 개가 아닌 열 개라고 해도 모자랄 정로로 할 일이 아주 많은 것을 나타낸다. (94나)의 *손(이) 묶이다* '특정한 일에 매여 벗어날 수 없게 되다'는 너무 할 일이 많아서 다른 일은 꿈도 꾸지 못하는 것을 나타낸다. (94다)의 *손(이) 가다* '일이 힘들고 복잡해서 품이나 노력 따위가 들다'는 힘들거나 과정이 복잡한 일을 할 때 노동이 많이 들어가는 것을 나타낸다. (94라)의 *잔손이 가다* '자질구레하게 여러 번 손질이 요구되다'는 공정이 복잡한 일을 하는데, 노동력이 많이 요구되는 것을 나타낸다. (94마)의 관용어 *손에 익다* '오랜 기간 해 온 일에 혹은 오랫동안 사용해 온 물건에 익숙하다'는 동일한 일을 오랫동안 해서 익숙해지거나 오랫동안 사용해서 길이 든 물건에 익숙해지는 것을 나타낸다. (94바)의 *손때가 먹다/묻다/오르다* '그릇 등을 오래 사용해서 길이 들거나 정이 들다'도 동일한 물건으로 오랫동안 노동을 해 온 것을 나타낸다. 반대로 (94사)의 *손이 설다* '(어떤 일이) 익숙하지 않다'는 어떤 일을 처음하거나 익숙하지 않은 환경에서 일을 할 때, 일이 서툴다는 것을 나타낸다.

(94가) 오빠 결혼준비에 엄마는 *손이 열 개라도 모자랄* 판이다.
(94나) 고 3 짜리 딸과 아픈 시어머니 뒷바라지에 *손(이) 묶인* 언니는
　　　　동창모임에 나갈 엄두도 못 내고 있다.

---

46) 이에 관해서는 Kövecses(2003 : 275)를 참조하기 바란다.

(94다) 세쌍둥이 키우니 *손(이)* 너무 많이 *간다.*
(94라) 황토 집은 잔손이 너무 *가서* 인건비가 많이 든다.
(94마) 컴퓨터가 *손에* 익어 이젠 자판을 보지 않고도 두들길 수 있어.
(94바) 엄마의 *손때가 먹은/묻은/오른* 이 그릇이 바로 엄마의 인생을 말해 준다.
(94사) 처음 하는 일이라 *손에 설 거다.*

(94가, 나, 다, 라, 마, 바, 사)의 관용어에서와 같이 한국인들은 (83)의 ICM에서 도출되는 환유적 개념구조 〔부분개념으로 부분개념을 대신함〕에 속하는 〔도구로 행위를 대신함〕의 하위개념구조 〔손으로 노동을 대신함〕에 의거하여 손으로 육체노동이나 육체적인 일들을 표현한다.

대부분의 가사노동은 물 없이는 불가능하다. 이를 반영하는 (95가)의 한국어 관용어 *손에 물도 묻히지 않고 살다/손끝에 물 한 방울 튀기지 않고 살다* '고생을 모르고 살다'는 손에 물 묻히는 가사노동을 하지 않으면서 부유하게 살고 있는 것을 나타낸다. (95나)의 관용어 *손/손톱 하나 까딱하지 않다* '어떠한 일도 하지 않고 가만히 있다'는 남의 일 보듯 손은커녕 손톱마저도 움직이지 않는, 즉 아무 일도 하지 않는 것을 나타낸다. (95다)의 *손/손끝을 맺다* '할 일이 있는데도 아무 일도 하지 않고 그냥 있다'는 손을 움직이면서 일을 해야 하는데 내버려 두고 아무 일도 하지 않는 것을 나타낸다. (95라)의 *손이 비다* '할 일이 없어 그냥 있다'는 돈을 벌만한 일거리가 없다는 것을 나타낸다. (95마)의 *손을 대다* '어떤 일을 시작하다'는 어떤 일에 관여하여 그 일을 시작하는 것을 나타낸다. (95바)의 *손(을) 멈추다/놓다* '하던 일을 그

'만두다'는 하던 일을 중단하거나 포기하거나 방치하는 것을 나타낸다. (95사)의 *손이 근지럽다/근질거리다/근질근질하다* '몹시 일을 하고 싶어 하다'는 일을 하고 싶은데 일자리가 없어서 몹시 안달이 나 있는 상황을 나타낸다. (95아)의 *손을 털다* '하던 일을 그만두다'는 농사일을 그만두거나 중단할 때 손에 묻은 흙을 터는 행위를 연상하듯이 하던 일을 그만 두는 것을 나타낸다. (95자)의 *손을 쓰다* '대책을 세워 바로 실행하다'는 어떤 사건이 터질 때, 바로 대책을 세워 몸을 빨리 움직여서 실제로 논의된 일들을 행하는 것을 나타낸다.

> (95가) 내 친구는 부자 남편을 만나서 *손에 물도 묻히지 않고 살고 있다/손끝에 물 한 방울 튀기지 않고 살고 있다.*
> (95나) 철없는 며느리는 *손/손톱 하나 까딱하지 않고* 남의 일보듯 한다.
> (95다) 너는 남의 일이라고 *손/손끝을 맺고* 구경만 하는구나.
> (95라) 누가 *손이 비었지?* 와서 나 좀 도와주면 고맙겠는데.
> (95마) 그는 외식사업에 *손을 댄지* 6년 만에 국내에서 내노라하는 갑부가 되었다.
> (95바) 이 상태에서 일하던 *손(을) 멈추면/놓으면,* 내 인생은 죽도 밥도 아니게 될 것 같다.
> (95사) 몇 년을 놀았더니, *손이 근지러워서/근질거려/근질근질해서* 더 이상 가만히 있지 못하겠다.
> (95아) 너마저 이일에서 *손을 털면,* 우린 이제 희망이 없어. 포기해야 해.
> (95자) 빨리 *손을 썼더라면,* 그렇게 많은 희생자를 내지는 않았을 것이다.

언급한 (95가, 나, 다, 라, 마, 바, 사, 아, 자)의 관용어에서와 같이 한국인들은 (83)의 ICM에서 도출되는 환유적 개념구조〔부분개념으로 부분개념을 대신함〕에 속하는〔도구로 행위를 대신함〕의 하위개념구조 〔손으로 노동을 대신함〕에 의거하여 손으로 육체노동을 표출한다.

　독일어 관용어에서도 *Hand*는 노동으로 연상된다. 예를 들면 (96
가)의 독일어 관용어 *von der Hand in den Mund leben* '근근히 생
계를 이어가다'는 노동으로 벌어들이는 돈으로 그날그날 근근이 살아
가는 것을 나타낸다. (96나)의 관용어 *keine Hand rühren* '손가락
하나 까닥하지 않다'는 일을 전혀 하지 않는 것을 나타낸다. (96다)의
die Hände in den Schoß legen '아무 것도 하지 않다'도 손을 무릎에
올려놓고 아무 일도 하지 않는 것을 나타낸다. (96라)의 *die Hand in
anderer/fremder Leute Taschen haben* '남에게 빌붙어 살다'는 경
제적 이득을 얻기 위해 스스로 일하지 않고서 남의 돈이 들어 있는 주
머니에 손을 집어넣고서 그에게 기대는 것을 나타낸다. (96마)의
jmdm. freie Hand lassen '누구를 독립적으로 일하게 하다'는 누구에
게 자유롭게 일 할 수 있도록 독립을 허락하는 것을 나타낸다. (96바)
의 *(die) letzte Hand an etw. legen* '무엇을 마무리 짓다'는 출판 내
지 투고하기 전에 최종적으로 마지막 원고 수정 작업을 하는 것을 나
타낸다. (96사)의 *etw. von langer Hand vorbereiten* '무엇을 (다른
사람에 대항해서) 철저히 준비하다'는 무엇을 위해 시간을 두고 오래
그리고 철저하게 준비하는 것을 나타낸다. (96아)의 *alle/beide Hände
voll zu tun haben* '할 일이 산더미같이 많다'는 두 손으로 해야 할
일들이 아주 많은 것을 나타낸다.

　(96가) In Afrika *leben* die Menschen *von der Hand in den
　　　　Mund.*

'아프리카 사람들은 그날그날 근근이 생계를 이어가고 있다.'

(96나) Im Haushalt *rührt* Maria *keine Hand*, das muss alles ihr Mann machen.

'마리아는 집안일에 손가락 하나 대지 않고, 남편이 다 한다.'

(96다) Du bist noch zu jung, um *die Hände in den Schoß zu legen*.

'너는 아무 일도 하지 않기에는 아직 너무 젊다.'

(96라) Er hat zwei Jahre lang *die Hand in fremder Leute Taschen gehabt*.

'그는 2년 동안 남에게 빌붙어 살았었다.'

(96마) Mein Vater hat *mir freie Hand gelassen*.

'아버지는 나를 독립적으로 일하게 하였다.'

(96바) Ich freue mich sehr, dass ich bald *letzte Hand an mein Buch legen* kann.

'내 책의 마무리 손질을 할 수 있어서 아주 기쁘다.'

(96사) Die Bürger haben *die Demonstration gegen die Privatisierung von langer Hand vorbereitet*.

'시민들은 철저히 민영화 반대 시위를 준비하였다.'

(96아) Petra *hat alle/beide Hände voll zu tun*, weil sie drei Kinder hat.

'페트라는 어린아이가 셋이라 할 일이 산더미 같이 많다.'

(96가, 나, 다, 라, 마, 바, 사, 아)의 독일어 관용어에서와 같이 독일인들도 (83)의 ICM을 기반으로 하는 환유적 개념구조 [부분개념으로 부분개념을 대신함]에 속하는 [도구로 행위를 대신함]의 하위개념 구조 [손으로 노동을 대신함]에 의거하여 *Hand/Hände*로 여러 가지 육체노동을 표현한다.

3) [손으로 일처리행위를 대신함]

흥미와 관심을 갖고 어떤 특정한 일을 오래 하다보면 그 일을 처리하는 능력이 남다를 수 있다. 도구와 행동의 환유관계에 의거하여 손은 무엇을 솜씨 있게 다루는 일처리 행위를 나타낸다. 예를 들면 (97가)의 한국어 관용어 *손바람 나다* '일을 잘 치러내는 솜씨나 힘이 생기다'는 바람이 일 정도로 손을 빠르게 움직이면서 일을 훌륭하고 잽싸게 처리하는 것을 나타낸다. (97나)의 *손이 걸다* '일하는 것이 빈틈없고 야무지다'는 손을 놀리는 재주나 일을 처리하는 것이 아주 탁월하다는 것을 나타낸다. (97다)의 *손이/손끝이 맵다/여물다*도 유사한 의미로 사용된다. (97라)의 *손이 빠르다/싸다/재다* '일처리가 빠르고 민첩하다'는 일하는 솜씨에 속도감이 느껴지는 이미지로 일 처리하는 동작이 민첩하고 재빠른 것을 나타낸다. (97마)의 *손이 거칠다/뜨다/서투르다* '일하는 솜씨가 세밀하지 못하다'는 일을 아무리 해도 솜씨가 세밀하지 못하고 험한 것을 나타낸다. (97바)의 *손을 거치다* '경유하거나 손질함을 입다'는 솜씨가 뛰어난 사람이 손을 대어 잘 매만져야 하는 과정을 거쳐야 하는 것을 나타낸다.

(97가) 그 사람 일 하나는 *손바람 나게 하니*, 어딘가 자리 구하는 것은 시간문제일 거야.

(97나) 그 사람은 *손이 걸어* 더 좋은 직장으로 옮길 수 있었지만, 첫 직장을 옮기지 않았다.

(97다) 그 집 며느리는 *손이/손끝이* 아주 *매워/여물어*. 일감을 주면 틀림없어.

(97라) 나는 *손이 빨라서/싸서/재어서* 늘 다른 사람들보다 돈을 두 배 정도 벌었다.

(97마) 김씨는 *손이* 너무 *거칠어서/떠서/서툴러서*, 장인이 되기는 어려
울 것 같다.

(97바) 이러한 사소한 일까지 내 *손을 거쳐야* 하니, 넌 아직도 한 참
멀었다.

(97가, 나, 다, 라, 마, 바)의 한국어 관용어에서 보았듯이 한국인들
은 (83)의 ICM을 근거로 하는 환유적 개념구조 〔부분개념으로 부분
개념을 대신함〕에 속하는 〔도구로 행위를 대신함〕의 하위개념구조 〔손
으로 일처리행위를 대신함〕에 의거하여 손으로 일을 처리하는 행위를
표현한다.

(98가)의 독일어 관용어 *für etw. ein Händchen haben* '어떤 일에
솜씨가 있다'는 특정한 일을 잘 만드는 것을 나타낸다. 마찬가지로 (98
나)의 관용어 *eine grüne Hand machen* '식물을 성공적으로 잘 가꾸
다'는 특히 형용사 *grün*의 뉘앙스에 따라 식물을 잘 키우는 것을 나타
낸다. (98다)의 *bei etw./mit etw. eine glückliche Hand haben* '어
떤 일을 처리하는 데 능숙하고 재주가 있다'와 (98라)의 *bei etw./mit
etw. eine unglückliche Hand haben* '어떤 일을 처리하는 데 능숙하
지 못하다'는 형용사 *glücklich, unglücklich*에서 말해주듯이 각각 어
떤 일을 뛰어나게 처리하거나 그렇지 못하는 것을 나타낸다. 오른손잡
이가 왼손으로 일할 때 일이 서툴러진다는 점에 착안하여, (98마)의
관용어 *zwei linke Hände haben* '손재주가 없다'는 왼손을 한 개도
아니고 두 개를 갖고 있다는 말로 일을 능숙하게 처리하지 못하는 것
을 나타낸다.

(98가) Sylvia *hat ein Händchen für das Stricken.*
'실비아는 뜨개질에 솜씨가 있다.'

(98나) Meine Kollegin *macht eine grüne Hand.* Bei ihr wachsen die Bäume gut.
'내 동료는 식물을 잘 가꾼다. 그의 집에서는 식물이 잘 자란다.'

(98다) Herr Kim *hat bei der Bilderausstellung eine glückliche Hand.*
'김선생님은 그림전시회를 개최하는 데에 능숙한 재주가 있다.'

(98라) Ich *habe bei der Pflanzenzucht eine unglückliche Hand.*
'나는 식물 재배에 재주가 없다.'

(98마) Es ist besser, dass ich das tue. Du *hast zwei linke Hände.*
'내가 이 일을 하는 것이 좋겠어. 너는 이 일에 손재주가 없잖아.'

독일인들도 (98가, 나, 다, 라. 마)의 관용어에서 보았듯이 (83)의 ICM에서 도출되는 환유적 개념구조 〔도구로 행위를 대신함〕의 하위 개념구조 〔손으로 일처리행위를 대신함〕에 의거하여 *Hand/Hände/ Händchen*으로 일처리를 탁월하게 하는 행위를 표현한다.

4) 〔손으로 도움행위를 대신함〕

누군가에게 도움을 주려면 손이 먼저 움직이기 시작한다. 예를 들면 (99)의 한국어 관용어 *손을 빌리다* '남의 도움을 받다'는 누군가로부터 손으로 행해지는 도움을 받는 것을 나타낸다.

(99) 그까짓 일 목수의 *손을 빌릴* 필요 없어. 내가 고칠 수 있어.

(99)의 관용어에서와 같이 한국인들은 (83)의 ICM을 기반으로 하는 환유적 개념구조 [부분개념으로 부분개념을 대신함]에 속하는 [도구로 행위를 대신함]의 하위개념구조 [손으로 도움행위를 대신함]에 의거하여 손으로 도움의 행위를 표현한다.

(100가)의 독일어 관용어 *jmdm. zur Hand gehen* '누구를 돕다'는 누구에게 도움의 손길을 주러 가는 것을 나타낸다. (100나)의 *jmdm. (bei) etw. an die Hand gehen* '누구를 돕다'도 누가 어떤 일을 하는데 손을 내밀어 도와주는 것을 나타낸다. (100다)의 *seine/die (helfende) Hand über jmdn. halten* '누구를 도와주다'는 도와주려고 하는 누구의 손길을 붙잡는 것을 나타낸다. (100라)의 관용어 *seine/die (helfende) Hand von jmdm. abziehen* '누구를 더 이상 도와주지 않다'는 누구에게 주었던 도움의 손길을 떼는 것을 나타낸다.

(100가) Er hätte die Aufstellung nicht machen können, wenn *ihm* die Kollegen nicht *zur Hand gegangen* wären.
'그는 동료들이 도와주지 않았다면, 전시회를 열 수 없었을 것이다.'
(100나) Sie beklagte sich, dass *ihr bei Hausarbeit* nie einer *an die Hand ginge.*
'그녀는 어느 누구도 집안일 하는데 자기를 도와주지 않았다고 불평했다.'
(100다) Der Vater *hielt* nicht mehr *seine (helfende) Hand über seinen Sohn.*
'아버지는 자기 아들을 더 이상 도와주지 않았다.'
(100라) Der amerikanische Millionär haben *seine/die (helfende) Händen von den armen Afrikanern abgezogen.*

'미국의 백만장자들은 가난한 아프리카 사람들을 더 이상 도와
주지 않았다.'

독일인들도 언급한 (100가, 나, 다, 라)의 독일어 관용어에서와 같
이 (83)의 ICM에서 도출되는 환유적 개념구조〔도구로 행위를 대신
함〕의 하위개념구조〔손으로 도움행위를 대신함〕에 의거하여 *Hand/
Hände*로 도움의 행위를 표현한다.

5) [손으로 권력행사를 대신함]

한국인과 독일인들은 *손/Hand*로 권한이나 권력 내지 힘을 행사하
는 행위를 표현하기도 한다. 예를 들면 (101가)의 한국어 관용어 *손에
달리다* '누구의 힘/권력에 좌우되다'는 어떠한 일이 누군가가 가지고
있는 권력을 어떻게 행사하느냐에 달려 있는 것을 나타낸다. (101나)
의 *손에 놀아나다* '남의 의도대로 움직이다'는 일이나 상황들이 본인의
생각과는 다르게 권력을 어떻게 행사하느냐에 따라 진행되는 것을 나
타낸다. (101다)의 *손 하나 대지 못하다* '간섭을 못하다'는 남의 일에
권력의 힘을 전혀 행사하지 못하는 것을 나타낸다.

> (101가) 이제 경제민주화를 하느냐 마느냐는 정부의 *손에 달려 있다.*
> (101나) 독립이 되었다고 하지만, 아직도 강대국들의 *손에 놀아나고 있다.*
> (101다) *손 하나 대지 못할* 바에야 그냥 모른 척 해라.

언급한 (101가, 나, 다)의 한국어 관용어에서와 같이 한국인들은
(83)의 ICM을 기반으로 하는 환유적 개념구조〔부분개념으로 부분개

넘을 대신함]에 속하는 [도구로 행위를 대신함]의 하위개념구조 [손으로 권력행사를 대신함]에 의거하여 손으로 권력의 힘을 행사하는 것을 표현한다.

(102가)의 독일어 관용어 *Hand an jmdn. legen* '누구를 붙잡다'는 죄인을 붙잡는 손에 가해지는 물리적인 힘뿐만이 아니라 사법부의 힘 내지 권력행사가 느껴진다. (102나)의 관용어 *die Hand/die Hände nach jmdm./nach etw. ausstrecken* '누구에게/무엇에 손을 뻗치다'는 누군가를/무언가를 자기의 사람 내지 자기 것으로 만들기 위해 권력을 뻗치는 행위를 나타낸다.

> (102가) Die Männer *legten Hand an ihn* und schleppten ihn zum Verhör.
> '우리는 그를 붙잡아 끌고 가서 심문받게 했다.'
> (102나) Er *streckte seine Hände nach dem Parteivorsitz aus.*
> '그는 당대표직에 손을 뻗쳤다.'

독일인들도 언급한 (102가, 나)의 관용어에서와 같이 (83)의 ICM에서 도출되는 환유적 개념구조 [도구로 행위를 대신함]의 하위개념구조 [손으로 권력행사를 대신함]에 의거하여 *Hand/Hände*로 권력행사를 표현한다.

6) [손으로 약속행위를 대신함]

사람들은 약속할 때 손가락 거는 행위를 한다. 다시 말하면 약속의 행위에 손이 도구로 참여한다. 이를 반영하는 (103)의 한국어 관용어

손을/손가락(을) 걸다 '약속을 하다'는 손가락으로 누구와 약속하는 것을 나타난다.

(103) 우리는 영원히 변치 말고 사랑하자고 *손/손가락을 걸었다.*

(104가)의 독일어 관용어 *jmdm. auf etw. die Hand geben* '(악수하면서) 누구에게 무엇을 약속하다'는 누구에게 손을 내밀면서 그와 무언가를 약속하는 것을 나타낸다. (104나)의 *jmdm. etw. in die Hand versprechen* '(악수하면서) 누구에게 무엇을 굳게 약속하다'도 악수하면서 누구와 굳은 약속을 하는 것을 나타낸다. (104다)의 *jmdm. die Hand fürs Leben reichen* '백년가약을 맺다'는 누구에게 손을 내밀면서 결혼으로 평생을 함께 하자고 언약하는 것을 나타낸다.

(104가) Der Rektor *gab uns die Hand darauf,* dass er eine Untersuchung des Vorfalls einleiten würde.
'총장은 우리들에게 갑자기 일어난 사건의 조사를 시작하겠다고 약속했다.'
(104나) Das habe ich *ihr in die Hand versprochen.*
'그것을 나는 그녀에게 굳게 약속했다.'
(104다) Die ganze Stadt stand kopf, als die alternde Diva *einem dreißig Jahre jüngeren Mann die Hand fürs Leben reichte.*
'그 늙은 프리마돈나가 30세 젊은 남자와 백년가약을 맺었을 때 모든 도시시민들은 경악을 금치 못했다.'

(103)의 한국어 관용어와 (104가, 나, 다)의 독일어 관용어에서와

같이 한국인과 독일인들은 (83)의 ICM에서 도출되는 환유적 개념구조 〔부분개념으로 부분개념을 대신함〕에 속하는 〔도구로 행위를 대신함〕의 하위개념구조 〔손으로 약속행위를 대신함〕에 의거하여 *손/손가락/Hand*로 약속행위를 표현한다.

7) [손으로 화해행위를 대신함]

(105)의 독일어 관용어 *jmdm./einander die Hand zur Versöhnung reichen* '누구와 화해할 준비가 되어 있다'는 손을 내밀며 분쟁이나 갈등을 멈추고 화해하자는 행위를 나타낸다.

> (105) Niemand glaubte mehr daran, dass die verfeindeten Brüder einander noch einmal *die Hand zur Versöhnung reichen würden.*
> '적대관계에 있던 형제들이 서로 다시 한 번 화해할 준비가 되어 있었다는 사실을 어느 누구도 생각하지 못했다.'

한국인들도 관용어 형태로는 아니지만, (106)에서와 같이 화해의 행위를 손으로 표현한다.

(106) 당대표의 *화해의 손짓*에도 당원들은 여전히 그를 비난하고 있다.

독일인들과 한국인들은 (105)의 독일어 관용어와 (106)의 한국어 문장에서와 같이 (83)의 ICM에서 도출되는 환유적 개념구조 〔부분개념으로 부분개념을 대신함〕에 속하는 〔도구로 행위를 대신함〕의 하위개념구조 〔손으로 화해행위를 대신함〕에 의거하여 *Hand/손*으로 화해행위를 표출한다.

8) [손으로 청혼/결혼허락행위를 대신함]

(107가)의 독일어 관용어 *um jmds. Hand anhalten*'(특히 여자에게) 청혼하다'는 특정한 여성에게 손을 내밀며 청혼하는 것을 나타낸다. 마찬가지로 (107나)의 독일어 관용어 *jmdn. um die Hand seiner Tochter bitten*'누구에게 딸과의 결혼을 허락해 달라고 청하다'도 누구에게 딸의 손을 달라고 하면서 딸과의 결혼을 허락해 줄 것을 요청하는 것을 나타낸다.

(107가) Schließlich hat der Soldat bei seiner Freundin um *die Hand seiner Gattin anhalten* können.
'드디어 그 군인은 여자 친구에게 결혼신청을 할 수 있었다.'
(107나) Darf ich *Sie um die Hand Ihrer Tochter bitten*?
'당신 따님과의 결혼을 허락해 주시겠습니까?'

독일인들은 (107가, 나)의 관용어에서 보았듯이 (83)의 ICM을 근간으로 하는 환유적 개념구조 [부분개념으로 부분개념을 대신함]의 하위개념구조 [도구로 행위를 대신함]에 속하는 [손으로 청혼/결혼허락행위를 대신함]에 의거하여 *Hand*로 청혼 내지 결혼허락행위를 표현한다.

한국인들도 (108가, 나)의 *결혼하자고 손을 내밀다*와 *손을 꼭 잡고 결혼해 달라고 하다*에서와 같이 청혼하는 것을 상대방에게 손을 내밀거나 상대방의 손을 잡는 것으로 표현한다.

(108가) 내가 먼저 결혼하자고 여자친구에게 *손을 내밀었다*.
(108나) 그때 왕자는 공주의 *손을 꼭 잡고* 결혼해달라고 애원했어요.

한국인들도 (108가, 나)의 문장에서와 같이 (83)의 ICM에서 도출 되는 환유적 개념구조 〔도구로 행위를 대신함〕의 하위개념구조 〔손으 로 청혼/결혼허락행위를 대신함〕에 의거하여 손으로 청혼행위를 표현 한다.

9) 〔손으로 위협행위를 대신함〕

손은 상대방을 위협하는 도구가 되기도 한다. 예를 들면 (109)의 독 일어 관용어 *die Hand gegen jmdn. erheben* '누구를 때리려고 위협 하다'는 누구에게 불끈 쥔 손을 올리면서 그를 때리려고 위협하는 것 을 나타낸다.

(109) Im Zorn hat er *die Hand gegen seinen Vater erhoben.*
'화가 나서 그는 자기 아버지를 때리려고 위협했다.'

한국인들도 (110)의 *주먹을 불끈 쥐다*에서와 같이 *주먹*, 즉 손으로 위협행위를 나타낸다. 즉 여기서 *주먹*은 상대방을 위협하기 위해 힘을 주어 꽉 쥐는 손의 모양을 연상하게 한다.

(110) 그는 빌린 돈을 갚으라고 때리기라도 하듯 *주먹을 불끈 쥐며* 나 를 위협했다.

(109)의 독일어 관용어와 (110)의 한국어 문장에서와 같이 독일인

과 한국인들은 (83)의 ICM에서 도출되는 환유적 개념구조 〔부분개념 으로 부분개념을 대신함〕에 속하는 〔도구로 행위를 대신함〕의 하위개 념구조 〔손으로 위협행위를 대신함〕에 의거하여 *Hand*와 *주먹*으로 위 협행위를 표현한다.

10) 〔손으로 기회쟁취행위를 대신함〕

(111)의 독일어 관용어 *mit beiden Händen zugreifen* '(지체하지 않고) 기회를 이용하다'는 재빨리 두 손으로 필요한 물건을 잽싸게 움 켜쥐면서 기회를 쟁취하는 것을 나타낸다.

> (111) So günstig kommst du nie wieder nach Amerika, da muss
> man *mit beiden Händen zugreifen.*
> '너 이렇게 저렴한 가격으로 결코 미국여행을 하지 못해. 그러니
> 지체하지 말고 이 기회를 이용해야 해.'

한국인들도 (112)의 *손을 뻗다*에서와 같이 필요한 물건을 재빨리 가로채는 손동작으로 기회쟁취 행위를 나타낸다.

> (112) 그는 잽싸게 손을 *뻗어* 값싸고 질 좋은 세일 물건을 가로챘다.

독일인과 한국인들은 (111)의 관용어와 (112)의 문장에서와 같이 (83)의 ICM에서 도출되는 환유적 개념구조 〔부분개념으로 부분개념 을 대신함〕에 속하는 〔도구로 행위를 대신함〕의 하위개념구조 〔손으로 기회쟁취행위를 대신함〕에 의거하여 *Hände*와 손으로 기회쟁취의 행

위를 표출한다.

11) [손으로 요구행위를 대신함]

금전 등 무언가를 요구하는 행위에도 손이 도구가 된다. 이를 나타
내는 (113가, 나, 다)의 한국어 관용어 *손(을) 내밀다/벌리다* '(금전적
으로) 도움을 청하거나 요구하다', *손이 나가다* '도움을 청하거나 요구
하게 되다', *손(을) 뻗치다* '달라고 적극 요구하다'는 손을 내밀거나 뻗
치면서 금전이나 도움 등을 요구하는 것을 나타낸다.

> (113가) 자식들에게 *손(을) 내미는/벌리는* 일은 없어야 할 텐데.
> (113나) 지난번에 다툰 일도 있고 해서 그에게만은 *손이 나가지* 않는다.
> (113다) 성공한 선배들에게 찾아가서 도와 달라고 *손을 뻗쳐 보자.*

(114)의 독일어 관용어 *die/seine Hand aufhalten* '늘 금전 등을
요구하다'도 손을 내밀면서 항상 금전 같은 무언가를 요구하는 것을
나타낸다.

> (114) Der König *hält die Hand auf.*
> '왕은 늘 금전을 요구한다.'

한국인과 독일인들은 언급한 (113가, 나, 다)의 한국어 관용어와
(114)의 독일어 관용어에서와 같이 (83)의 ICM에서 도출되는 환유적
개념구조 [부분개념으로 부분개념을 대신함]에 속하는 [도구로 행위
를 대신함]의 하위개념구조 [손으로 요구행위를 대신함]에 의거하여

*손/Hand*로 금전이나 도움 같은 무언가를 요구하는 행위를 표현한다.

12) [손으로 거절/저항행위를 대신함]

사람들은 거절이나 거부의 의사를 특정한 손동작으로 표현한다. 예를 들면 (115)의 한국어 관용어 *손을 젓다/내젓다* '어떤 일에 대해 거절이나 거부의 뜻을 나타내다'는 손을 내어 휘두르거나 흔들면서 무엇을 거절하거나 거부하는 것을 나타낸다.

> (115) 나는 동생에게 돈 문제라면 말도 꺼내지 말라고 *손을 저었다/내 저었다.*

(115)의 관용어에서 보았듯이 한국인들은 (83)의 ICM을 기반으로 하는 환유적 개념구조 [부분개념으로 부분개념을 대신함]에 속하는 [도구로 행위를 대신함]의 하위개념구조 [손으로 거절 행위를 대신함]에 의거하여 손으로 거절행위를 표현한다.

(116)의 독일어 관용어 *sich mit Händen und Füßen gegen etwas wehren/sträuben* '무엇에 대항하기 위하여 강하게 저항하다'는 손동작과 발동작을 하면서 어떤 힘이나 조건에 굽히지 않고 저항하는 것을 나타낸다.

> (116) Die Frauen *wehrten/sträubten sich mit Händen und Füßen dagegen*, in der Parteiarbeit von den Männern an die Wand gedrückt zu werden.
> '여성들은 당무에서 남성들에 의해 궁지로 내몰리는 것에 대해 강하게 저항했다.'

독일인들도 (116)의 독일어 관용어에서 보았듯이 (83)의 ICM을 기반으로 하는 환유적 개념구조 〔도구로 행위를 대신함〕의 하위개념구조 〔손으로 저항행위를 대신함〕에 의거하여 *Hände*로 강한 저항행위를 표현한다.

13) [손으로 결의/결심행위를 대신함]

사람들은 무엇을 강하게 결심할 때 주먹을 불끈 쥐곤 한다. 이를 나타내는 (117)의 한국어 관용어 *주먹을 불끈 쥐다* '무엇을 강하게 결심하다'는 힘 있게 주먹을 쥐면서 무엇을 강하게 결심하는 것을 나타낸다.

(117) 그는 *주먹을 불끈 쥐며* 복수를 생각했다.

한국인들은 (117)의 한국어 관용어에서와 같이 (83)의 ICM을 기반으로 하는 환유적 개념구조 〔도구로 행위를 대신함〕의 하위개념구조 〔손으로 결심행위를 대신함〕에 의거하여 *주먹*, 즉 손으로 강한 결심의 행위를 표현한다.

(118)의 독일어 관용어 *für jmdn./für etw. die/seine Hand ins Feuer legen* '누구를/무엇을 보증하다'는 누구를/무엇을 보증하기 위해 화염에 손을 집어넣을 정도의 결의에 찬 행위를 하는 것을 나타낸다.

(118) Ich vertraue dir. Deswegen *lege* ich *für dich meine Hand ins Feuer.*
'너를 신임하기 때문에, 나는 너를 보증한다.'

독일인들도 (118)의 독일어 관용어에서와 같이 (83)의 ICM을 기반
으로 하는 환유적 개념구조 〔도구로 행위를 대신함〕의 하위개념구조
〔손으로 결의행위를 대신함〕에 의거하여 *Hand*로 결의에 찬 행위를
표현한다.

14) 〔손으로 신임행위를 대신함〕

(119)의 독일어 관용어 *sich*(Dat.) *für jmdn./für etw. die Hand*
abhacken/abschlagen lassen '누구를/무엇을 전적으로 신임하다/믿
다'는 누구를/무엇을 위해 손을 잘라낼 정도로 그를/그것을 신임하는/
믿는 행위를 나타낸다.

> (119) Es stimmt, was er sagt, *Dafür lasse* ich mir *die Hand*
>   *abhacken/abschlagen*
>   '그가 말한 것이 맞다. 그것을 나는 전적으로 믿는다.'

(120)의 한국어 문장에서 사용되는 *손짓*을 하다도 말로는 부족한 감
정이나 정황을 손짓으로 표현하면서 상대방에 대한 믿음을 나타낸다.

> (120) 그는 특유의 *손짓*으로 나에게 믿음의 사인을 보냈다.

(119)의 독일어 관용어와 (120)의 한국어 문장에서 언급하였듯이,
독일인과 한국인들은 (83)의 ICM에서 도출되는 환유적 개념구조 〔도
구로 행위를 대신함〕의 하위개념구조 〔손으로 신임행위를 대신함〕에
의거하여 *Hand*와 손으로 누구에 대한 신임행위를 표현한다.

15) [손으로 자살/살해행위를 대신함]

자살을 시도할 때에도 손은 도구로 사용된다. 이에 비유되는 (121
가)의 독일어 관용어 *Hand an sich legen* '자살하다'는 스스로 목숨
을 끊는 행동을 에둘러서 자기의 몸에 손을 대는 것으로 표현한다.
(121나)의 관용어 *seine Hände in Unschuld waschen* '결백을 주장
하다'는 예수 그리스도가 흘린 피에 대해 자신은 손을 씻었기에 무죄
라고 주장하는 빌라도를 연상케 한다. 즉 이 관용어는 악행을 저지른
손을 깨끗이 씻어서 결백하다고 주장하는 것을 나타낸다.

> (121가) Der Patient, der Jahre lang an Schlaflosigkeit gelitten
> hat, hat *Hand an sich gelegt.*
> '몇 년간 불면증에 시달렸었던 그 환자가 자살을 했다.'
> (121나) Er *wäscht seine Hände in Unschuld.*
> '나는 결백을 주장한다.'

한국어 문장 (122)의 손으로 목 졸라 죽이다에서도 손은 누구를 살
해하는 도구로 표출된다.

> (122) 일류대학을 나온 김 씨는 생활고로 부인과 딸 둘을 손으로 목 졸
> 라 죽이고, 자기도 자살을 택했다.

독일인들과 한국인들은 (121가, 나)의 독일어 관용어와 (122)의 한
국어 문장에서 보았듯이 (83)의 ICM에서 도출되는 환유적 개념구조
[부분개념으로 부분개념을 대신함]에 속하는 [도구로 행위를 대신함]
의 하위개념구조 [손으로 자살/살해행위를 대신함]에 의거하여 *Hände*

와 손으로 자살이나 살해의 행위를 표현한다.

16) [손으로 폭력행위를 대신함]

손은 다른 도구가 없을 때 폭력행위의 도구가 되기도 한다. 이에 비유하여 한국인과 독일인들은 손으로 폭력행위를 나타낸다. 예를 들면 (123가)의 한국어 관용어 *손맛을 보다* '매를 맞다'는 손에 든 회초리 따위로 매를 맞아 아픔을 느끼는 것을 나타낸다. (123나)의 *손(을) 보다* '때려서 버릇을 고쳐주다'는 손으로 아프게 때리는 것을 나타낸다. (123다)의 *손이/주먹이 울다* '치거나 때리고 싶은 감정을 억누르다'는 분한 일이 있어서 치거나 때리고 싶은 충동이 들지만 참는다는 것을 나타낸다. (123라)의 *손(을) 대다* '때리다'는 폭력의 도구인 손으로 누구에게 손찌검을 해서 해를 입히는 것을 나타낸다.

> (123가) 걔네들이 오늘에야 우리들의 *손맛을* 톡톡히 *봤*을 거야.
> (123나) 선배는 말을 듣지 않는다고 후배들을 *손봐야 한다*고 벼르고 있다.
> (123다) 얄밉고 못된 짓을 한 그 놈을 그냥 내버려 두어야 한다니, 내 *손/주먹이 운다.*
> (123라) 아무리 화가 나도 참아야지, 아이들에게 *손(을) 대는* 것은 내가 용서 못한다.

언급한 (123가, 나, 다, 라)의 한국어 관용어에서와 같이 한국인들은 (83)의 ICM을 기반으로 하는 환유적 개념구조 [부분개념으로 부분개념을 대신함]에 속하는 [도구로 행위를 대신함]의 하위개념구조 [손으로 폭력행위를 대신함]에 의거하여 *손/주먹*으로 난폭한 폭력행위를 표현한다.

(124가)의 독일어 관용어 *jmdm. rutscht die Hand aus* '누구의 뺨을 때리다'는 동사 *ausrutschen*에서 느껴지듯이 손이 미끄러지듯 누구의 뺨을 때리는 것을 나타낸다. (124나)의 관용어 *jmdm. zuckt es in den Händen* '누구를 가차 없이 때리다'는 동사 *zucken*에서 느껴지듯이 손이 무의식중에 급격히 움직이면서 누구를 때리는 것을 나타낸다. (124다)의 *die Hand gegen jmdn. erheben* '누구를 때리려고 손을 들다'는 누군가에게 손을 들며 신체적인 폭행을 가하려는 것을 나타낸다. (124라)의 *eine lockere/lose Hand haben* '걸핏하면 폭력을 쓰다'는 통제되지 않음을 나타내는 형용사 *locker/los*가 주는 이미지에 힘입어 손이 풀릴 정도로 남을 거칠게 제압하면서 폭력을 가하는 것을 나타낸다.

(124가) *Mir rutscht* gleich *die Hand aus*, wenn du das noch
　　　　 einmal machst.
　　　　 '한 번만 더 그러면 네 뺨을 때릴 것이다.'
(124나) *Es zuckte ihm in den Händen*, wenn er sah, wie die
　　　　 beiden Burschen den Hund quälten.
　　　　 '청년 두 명이 개를 몹시 괴롭히는 것을 보았을 때, 그는 그들
　　　　 을 가차 없이 때렸다.'
(124다) Er hat *die Hand gegen den Einbrecher erhoben*.
　　　　 '그는 강도를 때리려고 손을 들었다.'
(124라) Sein Chef *hat eine lockere/lose Hand*.
　　　　 '그의 상관은 걸핏하면 손이 올라가 폭력을 쓴다.'

(124가, 나, 다, 라)의 독일어 관용어에서 보았듯이, 독일인들도 (83)의 ICM을 기반으로 하는 환유적 개념구조〔도구로 행위를 대신함〕의 하위개념구조〔손으로 폭력행위를 대신함〕에 의거하여 *Hand/ Hände*로 폭행을 표현한다.

17) 〔손으로 절도행위를 대신함〕

손은 남의 물건을 훔치거나 빼앗는 절도행위의 도구가 되기도 한다. 예를 들면 (125가)의 한국어 관용어 *손(을) 타다* '도둑맞다'는 누구의 손길이 미쳐서 물건이 없어지는 것을 나타낸다. (125나)의 *손이 거칠 다/걸다* '도둑질 같은 나쁜 손버릇이 있다'는 손으로 남의 물건을 자주 훔치곤 하는 것을 나타낸다.

(125가) 지갑 같은 것은 빤히 보이는 곳에 두면 안 돼. *손을 타거든.*
(125나) 나쁜 환경에서 자랐다고 해서 꼭 *손이 거친/건* 것은 아니다.

한국인들은 (125가, 나)의 한국어 관용어에서와 같이 (83)의 ICM 을 근거로 하는 환유적 개념구조〔부분개념으로 부분개념을 대신함〕 에 속하는 〔도구로 행위를 대신함〕의 하위개념구조〔손으로 절도행위 를 대신함〕에 의거하여 손으로 남의 물건을 훔치거나 빼앗는 절도행위 를 표현한다.

(126)의 독일어 관용어 *klebrige Hände haben* '무엇을 훔치는 버 릇이 있다'는 형용사 *klebrig*의 이미지에 따라 손이 마치 자석 같아서 손에 무엇이 닿기만 하면 착착 달라붙을 정도로 무엇을 잘 훔치는 것

을 나타낸다.

> (126) Du musst auf deine Portemonnaie aufpassen. In diesem
>   Hotel ist jemand da, der *klebrige Hände hat.*
>   '너 지갑 조심해야 해. 이 호텔에 훔치는 버릇이 있는 사람이 있
>   거든.'

　독일인들도 (126)의 독일어 관용어에서와 같이 (83)의 ICM을 근거
로 하는 환유적 개념구조 [도구로 행위를 대신함]의 하위개념구조 [손
으로 절도행위를 대신함]에 의거하여 *Hände*로 남의 물건을 빼앗거나
훔치는 절도행위를 표현한다.

18) [손으로 방해행위를 대신함]

　손은 무언가를 방해하는 도구로도 사용된다. 예를 들면 (127)의 독
일어 관용어 *die Hand auf die/auf der Tasche halten* '인색하다',
'구두쇠이다'는 인색하게도 돈을 쓰지 못하게 손으로 호주머니에 들어
있는 돈의 유출을 막는 행동을 나타낸다.

> (127) Bitte, erwarte nicht, dass er dich einlädt. Er *hält die*
>   *Hand auf die/auf der Tasche.*
>   '그가 너를 초대할 것이라고 기대하지 마라. 그는 구두쇠다.'

　(128)의 한국어 문장에서 사용되는 손으로 *저지하다*의 손도 무엇을
하지 못하게 방해하는 것을 나타낸다.

(128) 반드시 한미 FTA를 우리 손으로 *저지해야 한다*.

독일인과 한국인들은 (127)의 독일어 관용어와 (128)의 한국어 문장에서와 같이 (83)의 ICM을 기반으로 하는 환유적 개념구조 〔부분개념으로 부분개념을 대신함〕에 속하는 〔도구로 행위를 대신함〕의 하위개념구조 〔손으로 방해행위를 대신함〕에 의거하여 *Hand*와 손으로 무엇을 하지 못하게 하는 방해행위를 표현한다.

19) 〔손으로 가해/매수행동을 대신함〕

손은 누구를 해치거나 매수하는 행위에도 관여한다. 예를 들면 (129)의 한국어 관용어 *검은 손을/마수를 뻗치다* '누구를 해치려고 하다'는 누군가에게 손을 뻗쳐 그의 생명이나 신체, 재산, 명예 따위에 해를 끼치려고 하는 것을 나타낸다. (130)의 독일어 관용어 *jmdm. die Hände schmieren/versilbern* '누구를 매수하다'는 누구의 손에 기름을 바르거나 누구의 손을 은으로 씌워서 그를 자기편으로 만드는 것을 나타낸다.

> (129) 그는 *검은 손을/마수를 뻗쳐서* 김 과장의 돈을 음험하게 빼앗으려고 한다.
> (130) Er hat *dem Rechtsanwalt die Hände geschmiert/versilbert*.
>   '그는 변호사를 매수했다.'

(129)와 (130)의 한국어와 독일어 관용어에서와 같이 한국인과 독일인들은 (83)의 ICM에서 도출되는 환유적 개념구조 〔부분개념으로

부분개념을 대신함]에 속하는 [도구로 행위를 대신함]의 하위개념구
조 [손으로 가해/매수행위를 대신함]에 의거하여 *손/Hände*로 누구에
게 해를 가하거나 누구를 매수하는 행위를 표현한다.

20) [손으로 용서/아부행위를 대신함]

한국인들은 누구에게 용서를 구하거나 아부할 때 손을 비비곤 한다.
이에 비유된 한국어 관용어 *손을 비비다*는 (131가)에서는 두 손을 맞
대어 비비면서 용서를 구하는 것을 나타내고, (131나)에서는 두 손을
맞대어 비비면서 무언가를 들어달라고 아부하는 것을 나타낸다.

> (131가) 아무리 *손을* 싹싹 *비비면서* 용서를 구해도 이젠 소용없다. 모
> 든 일이 끝났다.
> (131나) *손을 비비는데* 익숙해져서 이제는 자존심이고 뭐고 없다.

두 관용어에서 언급하였듯이 한국인들은 (83)의 ICM을 기반으로
하는 환유적 개념구조 [부분개념으로 부분개념을 대신함]에 속하는
[도구로 행위를 대신함]의 하위개념구조 [손으로 용서/아부행위를 대
신함]에 의거하여 손으로 용서 구하기나 아부하는 행위를 표출한다.
독일인들은 누군가에게 용서나 간청을 할 때 손을 비비지 않고, 대
화로 하는 것 같다. 그래서 해당되는 독일어 표현은 없는 것 같다.

21) [손으로 의사소통행위를 대신함]

의사소통을 할 때 여러 가지 손짓과 발짓이 동원된다. 특히 외국에
서 그 나라 말을 전혀 못하는데 현지인들과 의사소통을 해야 하는 상

황에서는 더욱 더 그렇다. 바로 (132)의 한국어 관용어 *손짓발짓하다* '손짓과 발짓을 해 가면서 의사소통을 하다'가 이를 반영한 것이다.

> (132) 외국어를 못해도 그 나라 가면 *손짓발짓하면서* 의사소통을 하게 돼. 너무 걱정 마.

(133)의 독일어 관용어 *mit Händen und Füßen reden* '손짓발짓 해 가며 열심히 말하다'도 여러 가지 손동작과 발동작을 해가면서 의사소통하는 것을 나타낸다.

> (133) Die neue amerikalische Studentin *redet mit Händen und Füßen*.
> '새로 온 미국 여학생은 손짓발짓 해 가면서 열심히 말한다.'

따라서 한국인과 독일인들은 언급한 (132)와 (133)의 한국어와 독일어 관용어에서와 같이 (83)의 ICM에서 도출되는 환유적 개념구조 [부분개념으로 부분개념을 대신함]에 속하는 [도구로 행위를 대신함]의 하위개념구조 [손으로 의사소통행위를 대신함]에 의거하여 손/*Hände*로 의사소통행위를 표현한다.

22) [손으로 훈계행위를 대신함]

누구를 매섭게 야단칠 때에도 손은 도구가 된다. 예를 들면 (134)의 독일어 관용어 *eine feste Hand brauchen* '엄격한 훈계가 필요하다'는 강력한 훈계의 손짓으로 누구를 타이르면서 잘못을 저지르지 않도록 주의 주는 것을 나타낸다.

(134) Heutzutage *brauchen* wir *eine feste Hand* für die
Kindererziehung.
'오늘날은 아이들 키우는 데 엄격한 훈계가 필요하다.'

한국인들도 (135)의 문장에서와 같이 *엄한 손짓*의 손으로 훈계를
나타낸다.

(135) 그는 *엄한 손짓을 하면서* 공부에 게으른 아들을 호되게 야단쳤다.

(134)의 독일어 관용어와 (135)의 한국어 문장에서 보았듯이 독일
인과 한국인들은 (83)의 ICM에서 도출되는 환유적 개념구조〔부분개
념으로 부분개념을 대신함〕에 속하는〔도구로 행위를 대신함〕의 하위
개념구조〔손으로 훈계행위를 대신함〕에 의거하여 *Hand*와 손으로 훈
계행위를 표현한다.

23)〔손으로 찬성행위를 대신함〕

사람들은 어떤 사안에 찬성할 때나 동의할 때 손뼉을 치거나 손을
든다. 이를 반영한 (136가)의 한국어 관용어 *손뼉을 치다* '찬성하다'는
손뼉 치면서 어떤 사안을 좋아하고 그에 찬성하는 것을 나타낸다.
(136나)의 *손을 들어 주다* '어떤 사람에게 찬동하거나 그의 승리를 인
정해 주다'는 누구의 의견에 동의하거나 찬성하기 위해 그에게 손을
들어주는 것을 나타낸다.

(136가) 회의에 참석한 사람들은 그의 제안에 모두 *손뼉을 쳤다.*

(136나) 그 동안의 노력에 감동하여 나는 그 사람의 제안에 *손을 들어*
  주었다.

독일인들도 (137)의 문장에서와 같이 손을 주는, 즉 악수하는 행위
로 무엇에 찬성하는 것을 나타낸다. 그러므로 (137)에서 *Hand*는 찬
성행위로 표출된다.

(137) Geben Sie mir die *Hand*, wenn Sie meinem Vorschlag
  zustimmen.
  '저의 의견에 찬성하신다면, 악수를 하시지요.'

(136가, 나)의 한국어 관용어와 (137)의 독일어 문장에서와 같이
한국인과 독일인들은 (83)의 ICM에서 도출되는 환유적 개념구조 [부
분개념으로 부분개념을 대신함]에 속하는 [도구로 행위를 대신함]의
하위개념구조 [손으로 찬성행위를 대신함]에 의거하여 *손/Hand*로 무
엇에 찬성하는 행위를 표현한다.

24) [손으로 셈하는 행위를 대신함]

물건을 세는 행위에도 손은 도구가 된다. 이를 반영하는 한국어 관
용어 (138가)의 *손(을) 꼽다* '수를 세다'는 어린아이들이 수를 셀 때
손가락 하나씩 꼬부리는 것을 연상하게 한다. (138나)에서 *손(에) 꼽*
히다 '(솜씨, 재능 등이) 몇 째 안 가는 높은 수준에 속하다'는 사람의
솜씨나 재능, 음식 맛 등의 순위를 손가락을 하나씩 꼬부리며 셈 하는
것으로 나타낸다. (138다)의 *손(을) 넘기다* '물건이나 돈을 셀 때 번수

를 잘못 계산하여 넘어가다'는 손으로 물건이나 돈을 셀 때 잘못 계산
하여 실제보다 더 많거나 적게 되는 것을 나타낸다.

> (138가) *손(을) 꼽아* 헤아려 보니, 타향살이가 벌써 18년이 되어 간다.
> (138나) 이 식당은 뉴욕에서 *손꼽히는* 한국식당 중에 하나야.
> (138다) 그 놈들이 뭉치 돈을 셀 때 *손을 넘겨* 금액을 속이려고 했어.
> 내가 그것을 알아차렸다구.

언급하였듯이 한국인들은 (138가, 나, 다)의 관용어에서와 같이
(83)의 ICM을 기반으로 하는 환유적 개념구조 [부분개념으로 부분개
념을 대신함]에 속하는 [도구로 행위를 대신함]의 하위개념구조 [손으
로 셈하는 행위를 대신함]에 의거하여 손으로 셈하는 행위를 표현한다.

25) [손으로 정체파악행위를 대신함]

손으로 무엇을 정확하게 세어 보면, 알고 싶었던 사실이 분명하게
밝혀지듯이, (139가)의 독일어 관용어 *sich*(Dat.) *etw. an beiden
Händen abzählen können* '무엇을 보지 않고도 훤히 내다볼 수 있다'
는 두 손으로 무엇을 세어 보면서 그것의 정체를 훤하게 파악하는 것
을 나타낸다. 손으로 무엇을 만지면서도 그것의 정체를 알 수 있는데,
바로 (139나)의 독일어 관용어 *sich*(Dat.) *etw. an beiden Händen
abfingen können* '무엇의 정체를 명확하게 파악하다'가 이에 비유된다.

> (139가) Was die Regierung daran denkt, kann man *sich an
> beiden Händen abzählen.*
> '정부가 그에 관해 무엇을 생각하고 있는지 사람들은 보지 않

고도 훤히 내다볼 수 있다.'

(139나) Was bei einer derartigen Veranstaltung herauskommt, kann man *sich an beiden Händen abfingern*.
'그런 식의 회의에서 무슨 결론이 나올지 사람들은 명확하게 파악할 수 있다.'

(140)의 한국어 문장에서 *손으로 더듬다*의 손도 무엇을 만짐으로 해서 그것의 참된 모양을 명확하게 파악하는 것을 나타낸다.

(140) 앞을 보지 못하는 할머니는 생후 한 달된 손자의 얼굴을 *손으로 더듬었다*.

언급한 (139가, 나)의 독일어 관용어와 (140)의 한국어 문장에서와 같이 독일인과 한국인들은 (83)의 ICM에서 도출되는 환유적 개념구조 〔부분개념으로 부분개념을 대신함〕에 속하는 〔도구로 행위를 대신함〕의 하위개념구조 〔손으로 정체파악행위를 대신함〕에 의거하여 *Hände*/손으로 무엇의 정체를 파악하는 행위를 표현한다.

26) [손으로 항복행위를 대신함]

두 손을 들면서 항복의 의사를 표현하기도 한다. 이를 반영하는 (141)의 한국어 관용어 *손(을)/두 손(을) 들다* '항복하다'/'포기하다'는 두 손을 들면서 항복하는 것을 나타낸다.

(141) 인질극을 벌린 적군들은 결국 두 손을 들고 무장해제했다.

(142)의 독일어 문장에서는 팔, 즉 *Arme*가 항복의 의사표명의 도구로 표현된다. 여기서 *Arme*는 손을 포함한 어깨와 손목 사이의 부분으로 이해된다.

> (142) Die gegnerischen Soldaten haben endlich kapituliert, wobei sie *die Arme* hoch streckten.
> '적군들은 마침내 두 팔을 높이 들고 항복했다.'

한국인과 독일인들은 (141)의 한국어 관용어와 (142)의 독일어 문장에서 언급하였듯이 (83)의 ICM을 기반으로 하는 환유적 개념구조 [부분개념으로 부분개념을 대신함]에 속하는 [도구로 행위를 대신함]의 하위개념구조 [손으로 항복행위를 대신함]에 의거하여 손/*Arme*로 항복행위를 표현한다.

27) [손으로 관계행위를 대신함]

사람들은 손을 잡으면 관계가 형성되고, 잡은 손을 놓으면 관계가 종료되는 것으로 표현한다. 다시 말하면 손은 관계를 맺거나 종결하는 행위의 도구가 된다. 이를 반영하는 (143가)의 한국어 관용어 *손을 잡다* '제휴하다'는 없던 관계를 새로이 만드는 것을 나타낸다. (143나)의 관용어 *손(을) 대다* '관여하다'는 어떤 일에 몸소 관계하여 참여하는 것을 나타낸다. (143다)의 *손을 털다/떼다* '관계하던 일을 그만두다'는 밭일을 끝내면 손에 묻은 흙을 털어 내듯이, 관계했던 일을 끝내거나 종료하는 것을 나타낸다. (143라)의 *손을 씻다* '관계를 아주 끊어버리거나 깨끗하게 결말을 짓다'도 하던 밭일을 끝내기 위해 손에 묻은 흙을 말끔히 씻듯이, 관계 했던 일과의 관계를 말끔히 청산하는 것을 나타낸다.

> (143가) 한국과 일본이 다시 *손을 잡으려면*, 먼저 일본이 과거사에 관해 진정어린 사과를 해야 한다.
> (143나) 네가 *손 댄* 일은 항상 성공이었어.
> (143다) 가급적이면 이 일에서 *손을 털고/떼고*, 프랜차이즈 사업을 해보지 그래.
> (143라) 이제 그 조직에서 *손을 씻고*, 새 삶을 찾기 바란다.

한국어 관용어 (143가, 나, 다, 라)에서 언급하였듯이 한국인들은 (83)의 ICM에서 도출되는 환유적 개념구조 〔부분개념으로 부분개념을 대신함〕에 속하는 〔도구로 행위를 대신함〕의 하위개념구조 〔손으로 관계행위를 대신함〕에 의거하여 손으로 관계형성행위나 관계종료행위를 표현한다.

독일인들은 *Hände*로 주로 관계형성의 행위를 표현한다. 예를 들면 (144가)의 독일어 관용어 *mit etw. Hand in Hand gehen* '무엇과 밀접한 관계에 있다'는 무엇과 손잡고 가듯이, 그것과 깊은 관계가 있는 것을 나타낸다. (144나)의 *seine Hände in etw. haben* '몰래 어떤 일에 관여/참여하고 있다'는 어떤 영역 안에 손을 집어넣고 있듯이, 그 영역 안의 일에 관여하거나 참여하는 것을 나타낸다. (144다)의 *Hand in Hand arbeiten* '손잡고 일하다'는 사람들이 손을 잡으면서 서로 협력해서 일하는 것을 나타낸다. (145라)의 *(selbst) mit Hand anlegen* '협력하다'도 어떤 일에 손을 갖다 대듯이 협력관계를 맺는 것을 나타낸다. (144마)의 *sich*(Dat)/*einander die Hand zum Bunde reichen* '(깊은) 우정을 맺다'는 손으로 묶여진 벗 사이에서 우의에 넘치는 따뜻한 우정이 맺어지는 것을 나타낸다. (144바)의 독일어 관용어 *Händchen halten* '다정하게 손을 잡다'는 사랑스러움, 친밀감, 다정함 등 다양한 주관적 의미를 표출하는 축소명사47) *Händchen* 에서 느껴지듯 누구와 사랑의 관계를 맺는 것을 나타낸다.

> (144가) Diese Maßnahme der Regierung *geht mit den Interessen der Arbeiter Hand in Hand.*
> '정부의 이 조치는 노동자의 이익과 밀접한 관계가 있다.'
> (144나) Er *hat seine Hände* überall *drin.*
> '그는 몰래 여러 일에 참여하고 있다.'
> (144다) Wenn wir *Hand in Hand arbeiten.* dann können wir viel schaffen.
> '우리가 손잡고 일하면 많은 것을 해낼 수 있다.'
> (144라) Wenn wir alle *mit Hand anlegen*, sind wir bald fertig.
> '우리가 모두 협력하면 일을 곧 끝낼 수 있어.'
> (144마) Hans und Peter haben sich *die Hand zum Bunde gereicht.*
> '한스와 페터는 깊은 우정을 맺었다.'
> (144바) Ihr *hält* immer *Händchen*, wenn ich euch sehe.
> '너희들은 내가 볼 때마다 항상 다정하게 손잡고 있더라.'

독일인들도 (144가, 나, 다, 라, 마, 바)의 독일어 관용어에서 언급하였듯이 (83)의 ICM을 기반으로 하는 환유적 개념구조 [도구로 행

---

47) 축소명사에 관해서는 오예옥(2008)을 참조하기 바란다.

위를 대신함]에 속하는 〔손으로 관계행위를 대신함]에 의거하여 *Hand/Hände/Händchen*으로 무엇과 또는 누구와 관계를 맺는 행위를 표현한다.

28) [손으로 보호행위를 대신함]

한국인과 독일인들은 손으로 사람이나 사물을 보호하는 행위를 표출하기도 한다. 예를 들면 (145)의 독일어 관용어 *seine/die schützende Hand über jmdn. halten* '누구를 보호하다'는 누구에게 보호의 손길을 가져가는 것을 나타낸다.

> (145) Mein Vater hat drei Jahre lang *seine/die Hände über die*
> *unterernährten Kinder gehalten.*
> '우리 아버지는 3년 동안 결식아동들을 보호하셨다.'

(146)의 한국어 문장에서도 *손을 잡고 다니다*의 손은 누군가를 보호하는 도구로 표출된다.

> (146) 아버지는 돌에 넘어질까 봐 3살 손자의 *손을* 늘 *잡고 다니신다.*

독일인과 한국인들은 (145)의 독일어 관용어와 (146)의 한국어 문장에서 언급하였듯이 (83)의 ICM을 기반으로 하는 환유적 개념구조 〔부분개념으로 부분개념을 대신함]에 속하는 〔도구로 행위를 대신함]의 하위개념구조 〔손으로 보호행위를 대신함]에 의거하여 *Hand*/손으로 누군가를 보호하는 행위를 표현한다.

29) [손으로 판매행위를 대신함]

손은 물건을 판매하는 도구로도 사용된다. 그래서 손은 물건을 판매하는 행위로 표출된다. 예를 들면 (147)의 한국어 관용어 *손이 빠르다* '파는 물건이 잘 팔려 나가다'는 빠른 손동작의 속도감에서 느껴지듯이, 물건들이 잘 팔려 나가는 것을 나타낸다. 즉, 물건 판매에 걸리는 시간이 짧은 것을 나타낸다.

(147) 어쩌나 *손이 빠른지* 정신이 없을 지경이다.

한국인들은 (147)의 관용어에서와 같이 (83)의 ICM에서 도출되는 환유적 개념구조 [부분개념으로 부분개념을 대신함]에 속하는 [도구로 행위를 대신함]의 하위개념구조 [손으로 판매행위를 대신함]에 의거하여 손으로 물건판매행위를 표현한다.

30) [손으로 비난행위를 대신함]

한국인들은 남을 비난하거나 비웃을 때 손가락질을 하곤 한다. 이에 비유되는 (148가)의 한국어 관용어 *손가락질(을) 받다* '남에게 비웃음 당하다'/비난을 받다'는 손가락질을 받으면서 누군가로부터 비웃음 당하거나 비난 받는 것을 나타낸다. (148나)의 *손가락질을 하다* '다른 사람을 비웃거나 비난하다'는 누군가에게 손가락질 하면서 그를 비웃거나 비난하는 것을 나타낸다.

(148가) 살면서 남의 *손가락질(을) 받을* 행동은 하면 안 된다.

(148나) 그 사람이 무슨 잘못을 했는지 모르지만, 많은 사람들이 그에
게 *손가락질을 한다.*

(148가, 나)의 한국어 관용어에서와 같이 한국인들은 (83)의 ICM
을 기반으로 하는 환유적 개념구조 [도구로 행위를 대신함]의 하위개
념구조 [손으로 비난행위를 대신함]에 의거하여 손으로 누군가를 비
난하는 행위를 표현한다.

31) [손으로 판단행위를 대신함]

손가락으로 하늘을 찌르는 것이 가능할 법한 일인가. 이에 비유하여
한국인들은 (149)의 관용어 *손가락으로 하늘 찌르기*'잘 될 가망이 없
음'을 사용한다. 이 관용어는 계획했던 일이 전혀 잘 될 가능성이 없다
고 판단하는 행위를 나타낸다.

(149) 그 사람이 사람 되기를 기대하는 것은 *손가락으로 하늘 찌르는*
것이다.

한국인들은 (149)의 한국어 관용어에서와 같이 *손가락*을 (83)의
ICM에서 도출되는 환유적 개념구조 [부분개념으로 부분개념을 대신
함]에 속하는 [도구로 행위를 대신함]의 하위개념구조 [손으로 판단행
위를 대신함]에 의거하여 판단행위로 표현한다.

한국인과 독일인들은 특정 행위에 도구로 참여하는 신체기관 눈과
손으로 바로 그 행위를 표출한다. 이러한 언어사용은 환유적 개념구조

[부분개념으로 부분개념을 대신함]에 속하는 [도구로 행위를 대신함]
의 여러 가지 하위개념구조들로 설명된다. 즉 한국인과 독일인들은 환
유적 개념구조 [눈으로 요구행위를 대신함], [눈으로 묵과행위를 대신
함], [눈으로 잠자는 행위를 대신함]에 의거하여 *눈/Auge(n)*(으)로
무엇을 요구하거나 묵과하는 행위, 그리고 잠자는 행위를 표현한다.
손은 눈보다 훨씬 더 많은 행위에 참여한다. 그래서 손은 눈 보다 훨
씬 더 많은 행위로 표출된다. 즉 한국인과 독일인들은 환유적 개념구
조 [부분개념으로 부분개념을 대신함]에 속하는 [도구로 행위를 대신
함]의 하위개념구조 [손으로 활동을 대신함], [손으로 노동을 대신
함], [손으로 일처리행위를 대신함], [손으로 도움행위를 대신함], [손
으로 권력행사를 대신함], [손으로 화해행위를 대신함], [손으로 청혼
/결혼허락행위를 대신함], [손으로 위협행위를 대신함], [손으로 기회
쟁취행위를 대신함], [손으로 요구행위를 대신함], [손으로 거절/저항
행위를 대신함], [손으로 결의/결심행위를 대신함], [손으로 신임행위
를 대신함], [손으로 자살/살해행위를 대신함], [손으로 폭력행위를
대신함], [손으로 절도행위를 대신함], [손으로 방해행위를 대신함],
[손으로 가해/매수행위를 대신함], [손으로 용서/아부행위를 대신함],
[손으로 의사소통행위를 대신함], [손으로 훈계행위를 대신함], [손으
로 찬성행위를 대신함], [손으로 셈하는 행위를 대신함], [손으로 정
체파악행위를 대신함], [손으로 항복행위를 대신함], [손으로 관계행
위를 대신함], [손으로 보호행위를 대신함], [손으로 판매행위를 대신
함], [손으로 비난행위를 대신함], [손으로 상황판단행위를 대신함]
등에 의거하여 *손/Hand/Hände*로 임의의 활동, 노동, 일처리 행위,

도움, 권력이나 권한행사, 약속, 화해, 청혼이나 결혼허락, 위협, 기회
쟁취, 요구, 거절 내지 저항, 결의나 결심, 신임, 자살이나 살해, 폭력,
절도, 방해, 가해나 매수, 용서, 아부, 의사소통, 훈계나 찬성, 셈, 정
체파악, 항복, 관계, 보호, 판매, 비난, 판단 등 일상생활에서 행해지
는 아주 다양한 행위들을 표현한다.

3.6. [부분개념으로 부분개념을 대신함] : [도구로 상태를 대신함]

임의의 도구가 임의의 행위에 참여하면, 도구는 행위의 결과인 특정
한 상태에 처하게 된다. 이에 비유하여 한국인과 독일인들은 신체기관
인 눈과 손으로 감정상태, 신체상태, 정신상태 등을 표현하기도 한다.
이러한 언어사용은 (83)의 ICM에서 도출되는 환유적 개념구조 [부분
개념으로 부분개념을 대신함]에 속하는 [도구로 상태를 대신함]의 하
위개념구조들도 설명된다. 먼저 눈의 경우를 보자.

3.6.1. 눈

눈은 임의의 행위에 도구로 참여하고, 결과적으로 주어지는 감정상
태, 신체상태 그리고 정신상태로 표현된다. 먼저 눈으로 감정상태를
표출하는 한국인과 독일인들의 언어사용을 보자.

1) [눈으로 감정상태를 대신함]

(150)의 한국어 관용어 *눈길을 보내다* '관심을 보내다'는 누구에게 또는 어떤 것에 마음이 끌리는 감정상태를 그에게/그것에게 은근한 눈 길을 보내는 행위로 표현한다. 여기서 *눈길*은 주의나 관심을 표출하기 위한 도구로 사용된다.

> (150) 경규가 은근한 *눈길을 보냈는데도*, 재희는 못 본 체하고 자기 자 리에 가 앉는다.

(150)의 한국어 관용어에서와 같이 한국인들은 (83)의 ICM에서 도 출되는 환유적 개념구조 [부분개념으로 부분개념을 대신함]에 속하는 [도구로 상태를 대신함]의 하위개념구조 [눈으로 감정상태를 대신함] 에 의거하여 *눈길*의 눈으로 누구에게/무엇에 마음이 끌리는 은밀한 감 정상태를 표현한다.

(151가)의 독일어 관용어 *jmdm. schöne Augen machen* '누구에 게 추파를 던지다'는 누구에게 은근한 눈짓이나 윙크를 보내면서 그를 사모하거나 좋아하는 감정을 나타낸다. 여기서 *Augen*은 누구를 좋아 하는 감정을 표출하는 도구로 사용된다. (151나)의 관용어 *große Augen machen* '몹시 놀라다'는 눈을 둥그렇게 뜨면서 사물이나 사람 에 압도당하여 몹시 놀라워하는 감정상태를 나타낸다. (151다)의 *die Augen aufreißen* '굉장히 놀라다'도 눈을 크게 뜨면서 몹시 놀라워하 는 감정상태를 나타낸다. (151나)와 (151다)의 관용어에서 *Augen*은 몹시 놀라는 감정을 표출하는 도구로 사용된다.

(151가) Werner hat wieder *Ingeborg schöne Augen gemacht.*
'베르너는 다시 잉게보르그에게 추파를 던졌다.'

(151나) Er hat *große Augen gemacht*, als ich mit einem Porsche
ankam.
'그는 내가 포르쉐를 타고 도착했을 때 몹시 놀랐다.'

(151다) Als Goldmund kam, *riss er die Augen auf.*
'골드문트가 왔을 때, 그는 굉장히 놀랐다.'

그러므로 독일인들도 (151가, 나, 다)의 독일어 관용어들에서와 같이 (83)의 ICM에서 도출되는 환유적 개념구조〔부분개념으로 부분개념을 대신함〕에 속하는〔도구로 상태를 대신함〕의 하위개념구조〔눈으로 감정상태를 대신함〕에 의거하여 *Augen*으로 좋아하거나 놀라워하는 감정상태를 표현한다.

2) 〔눈으로 신체상태를 대신함〕

눈은 죽거나 혼수상태에서 깨어나는 신체상태를 나타내는 도구가 되기도 한다. 예를 들면 (152가)의 한국어 관용어 *눈을 감다* '죽다'는 눈을 감는 것으로 죽음의 상태를 나타낸다. (152나)의 *눈을 뜨다* '소생하다'는 혼수상태에서 깨어난 상태를 눈을 뜨는 것으로 표현한다.

(152가) 국민의 존경을 받았던 그는 오늘 새벽 *눈을 감았다.*

(152나) 한 달 이상 사경을 헤맨 96세의 할머니가 갑자기 *눈을 떠서* 주위 사람들을 놀라게 했다.

(152가, 나)의 한국어 관용어에서와 같이 한국인들은 (83)의 ICM

의 기반 위에서 환유적 개념구조〔부분개념으로 부분개념을 대신함〕
에 속하는〔도구로 상태를 대신함〕의 하위개념구조〔눈으로 신체상태
를 대신함〕에 의거하여 눈으로 죽음의 상태나 죽어가다가 소생한 상태
를 표현한다.

(153가)의 독일어 관용어 *die Augen zumachen/schließen/zutun*
'죽다'도 눈을 감는 것으로 죽음의 상태에 이르는 신체상태를 나타낸
다. (153나)의 *die Augen auf Null stellen/drehen* '죽다'도 눈을 감
아서 시력이 영이 되는 것으로 죽음의 상태를 나타낸다.

> (153가) Meine liebe Frau hat heute *die Augen zugemacht/
> geschlossen/zugetan.*
> '사랑하는 나의 부인이 오늘 죽었다.'
> (153나) Ich hatte tierisch Schiss, dass mein Kollege *die Augen
> auf Null stellt/dreht.*
> '나는 내 동료가 죽는다는 사실에 정말로 겁먹었었다.'

독일인들도 언급한 (153가, 나)의 독일어 관용어에서와 같이 (83)
의 ICM에서 도출되는 환유적 개념구조〔도구로 상태를 대신함〕의 하
위개념구조〔눈으로 신체상태를 대신함〕에 의거하여 *Augen*으로 신체
상태, 즉 죽음의 상태를 표현한다.

3) 〔눈으로 정신상태를 대신함〕

한국인들은 눈으로 정신상태를 표현하기도 한다. 예를 들면 (154)
의 한국어 관용어 *눈을 크게 뜨다* '정신을 바짝 차리다'는 눈을 크게

뜨면서 잘못이나 실패의 원인을 제대로 알고 실수의 재발을 막기 위해
정신을 바짝차린 상태를 나타낸다.

(154) 이제 성인이 되었으니, *눈을 크게 뜨고* 세상을 넓게 봐라.

언급하였듯이 한국인들은 (83)의 ICM의 근거로 하는 환유적 개념
구조 〔부분개념으로 부분개념을 대신함〕에 속하는 〔도구로 상태를 대
신함〕의 하위개념구조 〔눈으로 정신상태를 대신함〕에 의거하여 눈으
로 마음을 다잡는 정신상태를 나타낸다.

손으로도 한국인과 독일인들은 감정상태를 표현한다. 이에 관해서
는 3.6.2.에서 언급한다.

3.6.2. 손 : 〔손으로 감정상태를 대신함〕

(155가)의 독일어 관용어 *die Hände über dem Kopf
zusammenschlagen* '매우 놀라다'는 말문이 막일 정도로 놀라워하는
감정상태를 손으로 머리를 치는 것으로 표현한다. (155나)의 관용어
sich(Dat.) *die Hände reiben* '다른 사람의 불행을 고소해하다'는 미
워하는 사람의 불행을 고소해 하는 마음을 손을 비비는 것으로 나타낸
다. (155다)의 *auf den Händen sitzen* '초조해 하다'는 유명한 배우
가 무대로 등장하는 것을 초조하게 기다리며 앉아 있는 상태를 손을
엉덩이 아래로 집어넣는 것으로 나타낸다. 이 관용어들에서 *Hände*는
특정한 행위에 참여하는 도구로서 감정상태를 나타낸다.

(155가) Wenn meine Mutter diese Flecken sieht, wird sie *die Hände über dem Kopf zusammenschlagen.*
'엄마가 이 얼룩을 보면, 깜짝 놀랄 것이다.'

(155나) Natürlich *reibt sich* die Konkurrenz *die Hände*, wenn unsere Firma bankrott geht.
'우리 회사가 도산하면, 경쟁자들이 정말로 고소해 할 것이다.'

(155다) Die Fans haben *auf den Händen gesessen*, bevor der Star auf die Bühne getreten ist.
'팬들은 그 인기 배우가 무대에 등장하기 전에 초조해 했다.'

(155가, 나, 다)의 관용어에서 언급했듯이 독일인들은 (83)의 ICM의 기반 위에서 환유적 개념구조〔부분개념으로 부분개념을 대신함〕에 속하는〔도구로 상태를 대신함〕의 하위개념구조〔손으로 감정상태를 대신함〕에 의거하여 *Hände*로 놀래거나 고소해 하거나 초조해 하는 감정상태를 표현한다.

한국어 문장 (156)의 *두 손 모아 기도하다*에서 손은 기도 행위의 도구로서 무엇을 간절히 바라는 감정상태를 나타낸다.

(156) 김가네 자녀들은 아버지의 생환을 위해 *두 손 모아 기도하였다.*

(156)의 한국어 문장에서와 같이, 한국인들도 (83)의 ICM에서 도출되는 환유적 개념구조〔도구로 상태를 대신함〕의 하위개념구조〔손으로 감정상태를 대신함〕에 의거하여 손으로 무엇을 간절히 원하는 감정상태를 표현한다.

임의의 도구가 임의의 행위에 참여할 때, 도구는 결과적으로 어떤 상태에 처하게 된다. 이러한 도구와 상태 간의 환유관계를 통해 한국인과 독일인들은 *눈/Auge(n)*와(과) *손/Hand/Hände*로 감정상태, 신체상태 그리고 정신상태를 표현한다. 이러한 언어사용은 환유적 개념구조 〔부분개념으로 부분개념을 대신함〕에 속하는 〔도구로 상태를 대신함〕의 여러 가지 하위개념구조들로 설명된다. 즉 한국인과 독일인들은 환유적 개념구조 〔눈으로 감정상태를 대신함〕, 〔눈으로 신체상태를 대신함〕, 〔눈으로 정신상태를 대신함〕에 의거하여 *눈/Auge(n)*(으)로 감정이나 신체 및 정신상태를 표현한다. 아울러 한국인과 독일인들은 환유적 개념구조 〔손으로 감정상태를 대신함〕에 의거하여 *손/Hand/Hände*로 감정상태를 표현하기도 한다.

3.7. 〔부분개념으로 부분개념을 대신함〕: 〔도구로 시간을 대신함〕: 〔눈으로 시간을 대신함〕

흔치는 않지만, 한국인과 독일인들은 임의의 행위가 행해질 때 걸리는 시간을 그 행위에 참여한 도구로 표출하기도 한다. 이러한 언어사용 역시 (83)의 ICM을 근간으로 하는 환유적 개념구조 〔부분개념으로 부분개념을 대신함〕에 속하는 개념구조 〔도구로 시간을 대신함〕의 하위개념구조 〔눈으로 시간을 대신함〕으로 설명된다.

예를 들면 한국인과 독일인들은 눈 깜짝 하는 행위를 시간으로 표현한다. 예를 들면 (157)의 한국어 관용어 *눈 깜짝할 사이* '순식간에'는 눈 깜짝 하는 데 걸리는 시간, 즉 순식간을 나타낸다. 이 관용어에서 눈은 눈 깜짝하는 행위에 참여하는 도구로서 그 행위수행에 필요한 시간을 나타낸다. 독일어에서도 이미 어휘화가 되어버린 (158)의 합성어 *Augenblick* '순식간'이 있다. 이 합성어도 *Augen*으로 아주 짧게 보는데 걸리는 시간, 즉 순간 내지 찰나를 나타낸다.

(157) 코앞에 있었던 돈 상자가 *눈 깜짝할 사이*에 사라졌다.
(158) Gerade in diesem *Augenblick* möchte ich dich sehen.
   '바로 이 순간 난 네가 보고 싶어.'

따라서 한국인들과 독일인들은 (157)의 한국어 관용어와 (158)의 합성어에서와 같이 (83)의 ICM에서 도출되는 환유적 개념구조 [부분개념으로 부분개념을 대신함]에 속하는 [도구로 시간을 대신함]의 하위개념구조 [눈으로 시간을 대신함]에 의거하여 눈 깜짝하는 행위나 짧게 바라보는 행위에 걸리는 시간, 즉 순식간을 시각기관인 눈 /*Augen*으로 표현한다.

3.8. [부분개념으로 부분개념을 대신함] : [소유물로 소유물을 대신함]

사람들의 소유물은 아주 다양하다. 예를 들면 사람들은 피, 뼈, 근육 등으로 구성된 몸을 소유하고, 생산품을 만드는 데에 필요한 노동력을 소유하고, 노동력으로 벌어들이는 재산을 소유한다. 아울러 사람

들은 교육과 삶의 경험을 통해서 얻어지는 지식과 지혜도 소유한
다.48) 그밖에도 사람들은 많은 것을 소유하고 있지만, 여기서는 사람
들의 소유물 전체 ICM을 (161)과 같이 아주 간략하게 제시한다.

(159) (인간의 소유물 전체 ICM)

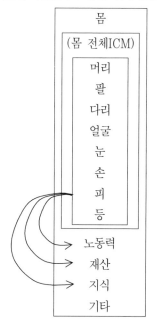

인간의 소유물개념의 전체 ICM (159)는 몸, 노동력, 재산, 지식 같
은 부분개념들로 구성된다. 그리고 몸의 ICM은 다시 머리, 팔, 다리,
얼굴, 눈, 손, 피 같은 부분개념들로 구성된다.49) 다시 말하면 인간의

---

48) 소유자로 소유되는 것을 표현하기도 하고, 소유되는 것으로 소유자를 표현하기도
   한다. 이에 관해서는 Kövecses(2003 : 279f.)를 참조하기 바란다.
49) 소유 ICM의 부분개념인 "재산"도 "부동산", "현금", "동산" 등의 부분개념으로 구성

소유물의 전체 ICM 속에 또 다른 부분개념의 ICM이 포함되어 있다. 흔치는 않지만 한국인들은 (159)의 ICM에서 화살표로 표기하였듯이, 몸 전체 ICM의 부분개념인 "피"를 사람의 소유물 전체 ICM의 부분개념인 "재물", "노동력", 또는 "지식"이나 "지혜"의 개념으로 표현하곤 한다. 이러한 언어사용은 (159)의 ICM에서 도출되는 환유적 개념구조 [부분개념으로 부분개념을 대신함]에 속하는 [소유물로 소유물을 대신함]의 하위개념구조들로 설명된다. 먼저 피로 재물이나 노동력을 표현하는 한국인들의 언어사용을 보자.

1) [피로 재물/노동력을 대신함]

예를 들면 (160가)의 한국어 관용어 *피를 빨다/빨아 먹다* '피땀 흘려 모은 재산이나 노동력을 착취하다'는 누군가의 재산이나 노동력을 수탈해가는 것을 나타낸다. (160나)의 *고혈(膏血)을 짜내다* '(어려운 사람에게서) 재물 등을 남김없이 뽑아내다'는 어려운 사람들의 재물을 가혹하게 착취하거나 징수해 가는 것을 나타낸다.

(160가) 노동자의 *피를 빼는/빨아* 먹는 사람들은 크게 반성해야 한다.
(160나) 백성의 *고혈을 짜내는* 탐관오리는 더 이상 용서 받으면 안 된다.

(160가, 나)의 한국어 관용어에서와 같이 한국인들은 (159)의 ICM을 근간으로 하는 환유적 개념구조 [부분개념으로 부분개념을 대신함]

되는 소유 ICM으로 설명된다. 여기서는 언급되는 자료 설명에 필요한 소유 ICM만을 제시한다.

에 속하는 [소유물로 소유물을 대신함]의 하위개념구조 [피로 재물/노동력을 대신함]에 의거하여 *피/고혈*로 인간의 소유물인 재산이나 재물 그리고 노동력을 표현한다.

2) [피로 지식을 대신함]

(161)의 한국어 관용어 *피와 살이 되다* '지식, 지혜 따위가 완전히 제 것이 되다'는 지식 등이 완전히 이해되어 자기 것이 되는 것을 나타낸다.

(161) 부모님의 가르치심이 나의 삶에 *피와 살이 되었다*.

한국인들은 (161)의 관용어에서와 같이 (159)의 ICM에서 도출되는 환유적 개념구조 [부분개념으로 부분개념을 대신함]에 속하는 [소유물로 소유물을 대신함]의 하위개념구조 [피로 지식을 대신함]에 의거하여 신체의 일부인 *피*로 지식이나 지혜 따위를 표현한다.

한국인들은 환유적 개념구조 [부분개념으로 부분개념을 대신함]에 속하는 [소유물로 소유물을 대신함]의 하위개념구조 [손으로 재물/노동력을 대신함]과 [피로 지식을 대신함]에 의거하여 재물이나 노동력, 지식이나 지혜를 표현하기도 한다. 이는 독일인들보다 몸이나 신체를 언어사용의 근간으로 삼는 경향이 강한 한국인들의 언어사용에서 비롯된 것 같다.

제4장 은유적 언어사용

4.1. 개념구조에 의거한 은유적 언어사용

은유는 1.3.에서 언급하였듯이, 서로 상이한 두 영역, 즉 추상적인 목표영역과 구체적인 출발영역의 개념들이 서로 유사성을 지니고 있을 때, 이 두 개념들 사이에 적용되는 인지개념이다. 은유적 언어사용에 근간이 되는 ICM은 1.3.의 (28)에서 제시한 바 있다. 이를 다시 (1)에 제시한다.

(1)

한국인과 독일인들은 (1)의 ICM을 근간으로 하는 다양한 은유적

개념구조들을 기반으로 많은 은유표현을 사용한다. 여기서는 신체기관인 눈과 피, 그리고 색깔명 빨간색으로 표현되는 은유의미에 관해 설명한다. 먼저 시각기관인 눈의 경우를 보자.

4.1.1. 눈

사람들은 상이한 문화권에 살고 있다 하더라도 특정한 신체기관에 관해 모양, 기능, 사용 목적 등 여러 가지 표준적인 지식을 공유한다.50) 예를 들면 사람들은 눈을 임의의 대상이나 사건 등을 바라보는 시각행위(視覺行爲)를 하는 기관으로 여긴다. 이렇게 누구나 공유하는 눈의 표준적 지식은 한국인과 독일인들의 관용어에도 자주 나타난다. 예를 들면 (2가)의 한국어 관용어 *눈이 가다* '시선이 어떤 곳/방향으로 쏠리다'는 특정한 곳을 바라보는 것을 나타낸다. (2나)의 관용어 *눈을 꺼리다* '남이 보는 것을 두려워하다'는 누군가가 자기를 보는 것을 좋아하지 않는 것을 나타낸다. (2다)의 *눈가림을 하다* '겉만 꾸며 남의 눈을 속이다'는 상황을 제대로 보지 못하게 눈을 가리는 얄팍한 방법으로 누군가를 속이는 것을 나타낸다. 눈이 부시면 사물을 제대로 보지 못한다. 이에 비유되는 (2라)의 한국어 관용어 *눈이 부시다* '너무 황홀해서 보지 못할 정도로 눈이 어리어리하다'는 누군가의 모습이 눈이 부실 정도로 너무 아름다워서 제대로 쳐다보지 못하는 것을 나타낸다. (2마)의 *눈을 씻고 보아도* '아무리 찾으려고 노력해도'는 원하는 대

---

50) 이러한 표준지식을 Kövecses(2003 : 368f.)는 관습적 지식이라고 칭한다.

상을 눈을 씻고 맑은 눈으로 찾으려고 노력해도 없는 것을 나타낸다.

> (2가) 노부부의 모습에 *눈이 가는* 것을 보면, 나도 이제 나이가 들었나
> 보다.
> (2나) 남의 *눈을 꺼리는* 습관 때문에, 그는 늘 혼자다.
> (2다) 요즘 세상에 *눈가림을 한다고* 해서 사람들이 그것을 모를 것 같
> 으냐.
> (2라) 내 친구의 모습은 항상 *눈이 부시다.*
> (2마) 친구는 많은데, *눈을 씻고 보아도* 쓸 만한 친구는 없는 것 같다.

한국인들은 (2가, 나, 다, 라, 마)의 한국어 관용어에서와 같이 눈을
표준적 지식인 시각행위로 표출한다.

(3가)의 독일어 관용어 *ein Auge auf jmdn./etw. werfen* '누구를/
무엇을 바라보다'는 특정한 사람이나 사물 쪽으로 눈길을 던지는 것을
나타내며, (3나)의 *kein Auge von jmdm/etw. lassen/(ab)wenden*
'꼼짝 않고 누구를 응시하다'는 누구에게서 또는 무엇에서 눈을 떼지
않고 그를 또는 그것을 자세히 보는 것을 나타낸다. (3다)의 *hinten
keine Augen haben* '뒤를 보지 못하다'는 뒤통수에 눈이 없어서 보지
못하는 것을 나타낸다. (3라)의 *Augen haben wie ein Luchs* '예리하
게 빠짐없이 살펴보다'는 살쾡이의 눈에 비유한 것으로서 먹잇감을 재
빨리 낚아채기 위해 예리하게 살피는 것을 나타낸다. (3마)의 *nur
Augen für jmdn./etw. haben* '누구를/무엇을 혼자서 예의주시하다'
는 뚫어져라 혼자서 누구만을/무엇만을 쳐다보는 것을 나타낸다. (3
바)의 *seine Augen überall/vorn und hinten haben* '모든 것을 자
세히 감시하다'는 앞뒤 등 모든 곳을 자세히 살피는 것을 나타낸다. (3

사)의 *ein Auge riskieren* '누구를/무엇을 훔쳐보다'는 몰래 누구를 또는 무엇을 관찰하는 것을 나타낸다. (3아)의 *so weit das Auge reicht* '직접 보았듯이'는 무엇을 눈으로 직접 보는 것을 나타낸다. (3자)의 *ein Auge auf jmdn./etw. haben* '누구를 조심스럽게 관찰하다'는 누구를 또는 무엇을 예의주시하면서 자세히 관찰하는 것을 나타낸다. (3차)의 *sich nach jmdm./etw. die Augen ausgucken* '긴장하면서 누구를 또는 무엇을 기다리다'는 누가 또는 무엇이 오나 안 오나 주위를 둘러보면서 눈 빠지게 기다리는 것을 나타낸다. (3카)의 *Augen machen wie ein (ab)gestochenes Kalb* '넋 나간 듯 멍한 눈을 하다'도 도살당한 송아지처럼 넋 나간 듯 멍하게 쳐다보는 것을 나타낸다.

(3가) Wir haben *ein Auge auf das herrliche Bergpanorama vom Turm geworfen.*
'우리들은 탑에 올라 멋진 산맥파노라마를 바라보았다.'

(3나) Ich habe den ganzen Abend *kein Auge von einer Frau gelassen/(ab)gewendet.*
'나는 저녁 내내 꼼짝 않고 한 여인을 응시/관찰했다.'

(3다) Entschuldigung, dass ich Sie getreten habe, aber *hinten habe ich keine Augen.*
'제가 밟았네요. 죄송합니다. 제가 뒤를 보지 못했습니다.'

(3라) Der Chefin entgeht nichts. Sie *hat Augen wie ein Luchs.*
'상사의 눈을 피할 수 없어요. 그녀는 예리하게 빠짐없이 살펴보거든요.'

(3마) Seit dem Studentenball *hat* er *nur* noch *Augen für Petra.*
'학생 축제 후부터 그는 혼자서 페트라를 예의주시하고 있는 중

이다.'

(3바) Eine Kindergärtnerin muss *ihre Augen überall/vorn und hinten haben*.

'유치원선생님은 모든 곳을 다 자세히 살펴봐야 한다.'

(3사) Er hat *ein Auge* auf das schöne Mädchen mit langem Haar *riskiert*, das neben ihm sitzen geblieben ist.

'그는 자기 옆에 앉아 있는 긴 머리의 예쁜 여자아이를 훔쳐보았다.'

(3아) Vor Ihnen liegt, *so weit das Auge reicht*, fruchtbares Weideland

'눈앞에 보듯이, 비옥한 목초지가 당신 앞에 펼쳐져 있어요.'

(3자) Die Regierung muss *auf die Extremisten Auge haben*.

'정부는 급진주의자들을 조심스럽게 관찰해야 한다.'

(3차) Da bist du ja endlich, ich habe *mir* schon seit Stunden *die Augen nach dir ausgeguckt*.

'너 드디어 왔구나. 몇 시간 전부터 눈 빠지게 널 기다리고 있었어.'

(3카) In flagranti ertappt, *machte er Augen wie ein abgestochenes Kalb*.

'그는 현행범으로 체포 됐을 때, 넋 나간 듯 멍한 눈을 하고 있었다.'

독일인들도 (3가, 나, 다, 라, 마, 바, 사, 아, 자, 차, 카)의 독일어 관용어들에서와 같이 *Auge(n)*를(을) 객관적인 사물이나 장면을 보는 물리적인 시각행위로 표출한다.

눈은 임의의 사물을 직접 보고 관찰하는 시각행위를 통해 얻은 정보들을 뇌로 전달하는 기능을 한다. 이러한 기능 때문에 시각행위의 주체자인 사람들은 눈을 통해 외부세계와 시각적인 접촉을 하면서 특정한 대상이나 사건 등에 관한 지적 내지 정서적 경험을 한다. 이미 3.2.2.에서 언급하였듯이, 사람들은 임의의 대상이나 사건 등을 한 번 또는 그 이상 보거나 관찰하면, 그에 관해서 잘 알게 되고, 이미 알고 있는 경우라 하더라도 더 자세히 그리고 더 깊게 이해하게 되고, 새로운 관심을 갖게 되고, 그에 관해 생각을 하게 되고, 판단도 함으로써 특정한 감정을 느끼게 되고 때로는 특정한 행동을 하게 되는 등 다양한 내적 경험을 한다. 바로 이러한 세상경험들이 언어사용에 반영되어 한국인과 독일인들은 *눈/Auge(n)*(으)로 다양한 은유의미를 표출한다.

눈의 시각행위와 내적 경험 간의 관계로 표현되는 *눈/Auge(n)*의 은유의미는 물리적인 시각행위를 출발개념으로 하는 은유적 개념구조[51]로 설명된다. 3.2.2.에서도 언급하였듯이 출발개념이 물리적 시각행위인 경우, 이는 눈으로 표기되지 않고, "보는 것"으로 표기된다. 먼저 앎/이해로 표출되는 경우를 보자.

1) [앎/이해는 보는 것]

사람들은 세상 안의 존재물이나 사건 등을 자세히 보거나 들여다보면, 몰랐던 사실들을 알게 되고, 알고 있던 것보다 더 자세히 그리고 더 깊게 이해하게 되고 깨닫게 된다.[52] 이를 반영하는 (4가)의 한국어 관용어 *눈이 무디다* '사물, 사실을 알아채는 힘이 약하다'는 사람 사는 사회에서 일어나는 이런저런 실정이나 형편 등을 알아채는 힘이 모자라는 것을 나타낸다. (3나)의 *눈뜨고 도둑맞다* '뻔히 알면서도 속

---

51) 은유적 개념구조 [앎/이해는 보는 것]이 [앎/이해는 눈]보다 훨씬 쉽게 이해된다. 따라서 그 이외의 개념구조들도 [관심/생각/판단/감정/기본적인 것은 보는 것]으로 표기된다.

52) Sjöström(1999 : 73)도 "seeing"을 "understanding"으로 간주한다.

거나 손해보다'는 뻔히 알면서도 손해를 보는 것을 나타낸다. (4다)의 *눈이 빛나다* '잘 이해하다'는 똑똑하고 영리하여 말이나 글의 뜻을 잘 알고 이해하는 것을 나타낸다.

(4가) *눈이 무딘* 사람과 일할 때에는 항상 네가 더 부지런해야 하는 거야.
(4나) 주식시장은 *눈뜨고 도둑맞는* 곳임을 명심해라.
(4다) *눈이 빛나는* 학생들을 보면 나는 교사로서 뿌듯함을 느낀다.

언급한 (4가, 나, 다)의 한국어 관용어에서와 같이 한국인들은 은유적 개념구조 〔앎/이해는 보는 것〕에 의거하여 눈으로 어떤 사실이나 상태 또는 존재물에 대한 앎, 이해 또는 깨달음을 표현한다.

(5가)의 독일어 관용어 *mit offenen Augen ins/in sein Unglück rennen* '알면서도 나쁜 상황으로 빠져 들어가다'는 나쁜 상황이 올 것을 알고 있음에도 어떤 대응책 없이 그 상황으로 빠져 들어가는 것을 나타낸다. (5나)의 *jmdm. die Augen öffnen* '누구에게 불쾌한 일을 알리다'는 누군가에게 무언가가 실제로 얼마나 불쾌한 것인가를 알게 하기 위해 그의 눈을 크게 뜨게 해서 그것을 보게 하는 것을 나타낸다.

(5가) Die Mannschaft ist in den letzten 20 Minuten *mit offenen Augen ins/in ihr Unglück gerannt.*
'그 팀은 마지막 20분간 나쁜 상황이 올 것을 알고 있었음에도 어떤 대응도 취하지 않았다.'
(5나) Ich muss *dir* mal über deinen Freund *die Augen öffnen.*
'나는 너에게 너의 친구에 관한 불쾌한 일을 알려야겠어.'

독일인들도 (5가, 나)의 관용어에서와 같이 은유적 개념구조 〔앎/이해는 보는 것〕에 의거하여 *Auge(n)*(으)로 임의의 상황이나 사물에 대해 알게 되거나 이해하게 되는 것, 즉 앎 내지 이해로 표현한다.

2) 〔관심은 보는 것〕

한국어 관용어 (6가)의 *눈이 팔리다* '(정도가 심하게) 관심을 가지다'는 지나칠 정도로 누구에게 관심을 갖는 것을 나타낸다. (6나, 다)의 *눈길을 끌다* '관심을 끌다'와 *눈길(을) 모으다* '뭇사람의 관심의 대상이 되다'는 각각 관심의 시선이 누구 쪽으로 쏠리는 것, 다시 말하면 관심의 시선이 누구에게로 집중되는 것을 나타낸다. (6마)의 *눈길을/눈을 주다* '관심을 보이다'는 관심의 시선을 특정한 방향으로 돌리는 것을 나타낸다. (6바)의 *눈길을 거두다* '관심을 끊다'는 관심이 있었는데, 이를 멈추거나 끝내는 것을 나타낸다.

(6가) 여자 친구한테 *눈이 팔려서* 성적 관리가 엉망이구먼.
(6나) 연예인들의 파격 드레스가 시청자들의 *눈길을 끌었다.*
(6다) 어린 학생들이 독거노인을 위해 정기적으로 모금을 해서 *눈길을 모았다.*
(6라) 용서를 구하기 위해 찾아간 나에게 그는 전혀 *눈길/눈을 주지 않았다.*
(6마) 매력 넘치는 그녀에게 꽂힌 *눈길을 거두는* 데에 한참 시간이 걸렸다.

언급한 (6가, 나, 다, 라, 마)의 한국어 관용어에서와 같이 한국인들은 은유적 개념구조 〔관심은 보는 것〕에 의거하여 눈으로 무엇에 관한 관심을 표현한다.

(7가)의 독일어 관용어 *ein Auge auf jmdn./etw. werfen* '누구에게/무엇에 관심을 갖기 시작하다'는 관심의 눈길을 누구에게 또는 무엇에 던지는 것을 나타낸다. (7나)의 *ganz Auge und Ohr sein* '관심을 가지면서 집중하다'는 주어진 사실이나 상황에 깊은 관심을 쏟아 붓는 것을 나타낸다.

> (7가) *Auf die neue Chefin* hat er schon *ein Auge geworfen.*
> '새로 부임한 여성 팀장에게 그는 벌써 관심을 갖기 시작했다.'
> (7나) Schon nach wenigen Minuten *waren* die Kinder ganz *Auge und Ohr.*
> '몇 분도 안 돼서 아이들은 관심을 가지면서 집중했다.'

(7가, 나)의 독일어 관용어에서 언급하였듯이, 독일인들은 은유적 개념구조 [관심은 보는 것]에 의거하여 *Auge*로 누구 또는 무엇에 관한 관심을 표현한다.

3) [생각은 보는 것]

견해의 한자 "見解"가 말해주듯이, 특정한 사물이나 현상 내지 사건 등을 직접 보게 되면, 사람들은 그에 관해 자기만의 생각이나 견해를 갖게 된다. 이러한 경험을 통해 (8)의 한국어 문장에서 눈은 사물이나 사건 등을 보거나 관찰하면서 갖게 된 생각이나 견해로 이해된다. 독일인들도 독일어 예문 (9)의 *mit eigenen Augen* '자신의 생각으로/견해로'에서 *Augen*으로 생각이나 견해를 나타낸다.

(8) 너도 이제 성인이 되었으니, 세상만사를 *성인의 눈*으로 봐야 한다.

(9) Du musst *mit deinen eigenen Augen* die Welt anschauen.
'너는 너 자신의 생각으로 세상을 봐야 한다.'

따라서 한국인과 독일인들은 언급한 (8)과 (9)의 한국어와 독일어 관용어에서와 같이 은유적 개념구조 [생각은 보는 것]에 의거하여 *눈/Augen*으로 생각이나 견해를 표현한다.

4) [판단은 보는 것]

직접 사물이나 사건 등을 보고 관찰하면, 그에 대한 판단력과 분별력이 생긴다. 이를 반영하듯 (10가)의 한국어 관용어 *눈이 트이다* '(사물에 대한) 식견이 생기다'는 사물을 분별하는 판단능력이 생기는 것을 나타낸다. (10나)의 *눈이 열리다* '안목이 생기다'도 사물을 보고 분별하는 능력이 생기는 것을 나타낸다. (10다)의 *눈이 밝다* '세상물정에 대하여 옳고 그른 것을 판단하는 능력이 뛰어나다'는 세상 돌아가는 상황을 훤히 잘 알기 때문에, 옳고 그름을 판단하는 능력이 뛰어나는 것을 나타낸다. (10라)의 *눈이 멀다/삐다/어둡다* '(어떤 것에 욕심이 생기거나 매혹되어) 판단력을 잃다'는 어떤 것에 대한 욕심 때문에 또는 어떤 것에 마음이 사로잡혀서 정확한 판단을 하지 못하는 것을 나타낸다. (10마)의 *눈이 뒤집히다/돌아가다/캄캄하다/흐릿하다* '이성을 잃어 판단력이 거의 없어지다'는 충격적인 일을 당하거나 어떤 일에 집착하여 사물을 인식하고 판단하는 능력을 잃어버리는 것을 나타낸다. (10바)의 *눈이 높다* '안목이 높다'는 사물을 보고 분별하는 능력

이 뛰어남을 나타낸다. 반면 (10사)의 *눈이 낮다* '안목이 낮다'는 사물
을 보고 분별하는 능력이 부족함을 나타낸다.

> (10가) 내가 좀 더 일찍 돈에 *눈을 떴더라면*, 지금 이렇게 살지는 않을
> 텐데.
> (10나) 인생에 *눈이 열리려면*, 너는 아직도 멀었어.
> (10다) 그는 유난히 세상 물정에 *눈이 밝아서*, 부자가 될 수 있었던 거다.
> (10라) 돈에 *눈이 멀어* 내 친구는 5년간 사귀었던 여자 친구를 마다하
> 고 애정도 없이 대기업 사장의 딸과 만나 한 달 만에 결혼했다.
> (10마) 지금 생각해 보면, 그 일이 *눈이 뒤집힐/돌아갈/캄캄할/흐릴* 정
> 도는 아니었는데, 나는 왜 그때 그렇게 흥분했는지 모르겠다.
> (10바) 우리의 눈으로는 원하는 것을 구입하기 어려우니, *눈이 높은* 사
> 람의 도움을 받도록 하자.
> (10사) 나는 보석을 보는 *눈이 낮으니*, 눈이 높은 이모를 데리고 가는
> 것이 좋겠다.

언급한 (10가, 나, 다, 라, 마, 바, 사)의 한국어 관용어에서와 같이
한국인들은 은유적 개념구조 〔판단은 보는 것〕에 의거하여 눈으로 사
람이나 사물 등에 관한 판단이나 판단력 또는 분별력을 표현한다.

(10바, 사)의 한국어 관용어 *눈이 높다*와 *눈이 낮다*는 (11가, 나)에
서는 각각 '보는 수준이 높다'와 '보는 수준이 높지 않다'의 의미로 사
용된다. 더욱이 (11가)는 수준이 높은 것에만 관심을 두기 때문에 여
간한 것은 양에 차지 않아서 시시하게 여기는 거만함의 뉘앙스를 풍기
기도 한다.

> (11가) 우리 딸은 나이가 35세가 넘었는데도, 여전히 *눈이 높아* 웬만한

남자는 거들떠보지도 않는다.

(11나) 내가 *눈이 낮아서* 그 남자를 선택한 것은 아니다.

이 두 관용어에서와 같이 한국인들은 은유적 개념구조 〔판단은 보는 것〕에 의거하여 눈으로 사물이나 사람의 가치나 수준 따위를 판단하는 기준을 표현한다.

(12가)의 독일어 관용어 *ein Auge für etw. haben* '무엇에 대한 안목이 있다'는 사물의 좋고 나쁨, 진위나 가치 등을 분별하는 능력이 있음을 나타낸다. (12나)의 *Augen im Kopf haben* '판단력이 있다'는 머리에 생각하고 판단하는 눈이 있는 것을 나타낸다. (12다)의 *mit einem blauen Auge davonkommen* '별 탈 없이/무사히 모면하다'는 위기를 현명한 판단력으로 모면하는 것을 나타낸다.

(12가) Lass ihn das machen, er *hat ein Auge dafür*.
　　　　'그가 하게 내버려 둬. 그는 그 분야에 안목이 있거든.'
(12나) Ich weiss, was mit den beiden los ist. Ich *habe* doch
　　　　Augen im Kopf.
　　　　'나는 두 사람에게 무슨 일이 일어났는지 안다. 나도 판단력이
　　　　있거든.'
(12다) Da bist du ja *mit einem blauen Auge davongekommen*.
　　　　'그때 너는 무사히 모면한 거야.'

언급한 (12가, 나, 다)의 독일어 관용어에서와 같이 독일인들도 은유적 개념구조 〔판단은 보는 것〕에 의거하여 *Auge(n)*(으)로 사물, 상황 등에 관한 판단이나 판단력을 표현한다.

5) [감정은 보는 것]

재물을 보면 욕심이 생기기도 하고, 타인이 하는 행동을 보면 마음에 들지 않아서 기분이 상하기도 한다. 이를 반영하듯, (13가)의 한국어 관용어 *눈이 벌겋다* '무엇에 욕심이 생기다'는 재물 등에 욕심이 생기는 것을 나타낸다. (13나)의 *눈이 시다* '하는 짓을 보니 마음에 들지 않아 기분이 언짢다'는 다른 사람이 하는 행동을 보니 마음에 들지 않고 기분이 언짢아 지는 것을 나타낸다.

> (13가) 돈을 보는 순간 김과장은 *눈이 벌겋게* 되었다.
> (13나) 요즘 젊은이들이 자유롭게 지내는 것을 보면 *눈이 시렵기도 하고* 부럽기도 하다.

(13가, 나)의 관용어에서 언급했듯이, 한국인들은 은유적 개념구조 [감정은 보는 것]에 의거하여 눈으로 욕심이나 언짢은 감정을 표출한다.

음식을 보면 식탐이 생기듯이, (14가)의 독일어 관용어 *die Augen sind größer als der Magen* '먹을 수 있는 것보다 욕심내어 더 많은 양의 음식을 담다'는 음식을 보는 순간 소화기관인 위의 소화능력보다 과하게 많은 양의 음식을 탐내는 것을 나타낸다. (14나)의 *das Auge beleidigen* '미적인 감정을 상하게 하다'는 어떤 것을 보고서 노여움이 생기게 되고, 이로 인해 누구의 미적 감정을 상하게 하는 것을 나타낸다.

> (14가) *Die Augen waren* wohl mal wieder *größer als der Magen.*
> '음식을 또 너무 많이 접시에 담았다.'
> (14나) Diese kitschigen Farben *beleidigen mein Auge.*
> '이 유치한 색깔들이 나의 미적 감정을 상하게 한다.'

(14가, 나)의 관용어에서와 같이 독일인들도 은유적 개념구조 〔감정은 보는 것〕에 의거하여 *Auge(n)*(으)로 욕심이나 미적 감정을 표현한다.

6) 〔행동은 보는 것〕

사람들에게는 누군가에게 부당한 행동을 당하면, 바로 동일한 행동으로 되갚으려는 경향이 있는 것 같다. 그래서 그런지 (15)의 독일어 관용어 *Auge um Auge, Zahn um Zahn* '눈에는 눈으로 이에는 이로 갚다'는 부당한 행동을 당할 때 바로 똑 같은 행동으로 보복하는 것을 나타낸다.

> (15) Wir können diese Ungerechtigkeit nicht länger hinnehmen :
> *Auge um Auge, Zahn um Zahn.*
> '우리는 이 부당함을 더 이상 참을 수 없다. 눈에는 눈으로 이에는
> 이로 갚아야 한다.'

한국인들도 (16)의 속담을 사용한다. 이는 (15)의 독일어 관용어와 같이 해를 입은 만큼 앙갚음하는 것을 비유적으로 표현한다.

> (16) *눈에는 눈, 이에는 이.*
> '해를 입은 만큼 앙갚음하다'

(15)의 독일어 관용어와 (16)의 한국어 속담에서와 같이 독일인들과 한국인들은 은유적 개념구조 〔행동은 보는 것〕에 의거하여 *Auge/* 눈으로 당한 것을 직접 봄으로 해서 바로 유발되는 행동을 표현한다.

7) [기본적인 것은 보는 것]

보고 듣는 행위가 정지되면, 삶의 기본이 결여된 것으로 여기게 된다. 이를 반영하는 (17)의 한국어 관용어 *눈이 없냐 코가 없냐*'부족한 것이 뭐가 있느냐'는 인생에 필요한 기본적인 것이 다 충족된 상황을 나타낸다.

(17) *눈이 없냐 코가 없냐*, 왜 장가를 못 가냐.

한국인들은 (17)의 관용어에서와 같이 은유적 개념구조 [기본적인 것은 보는 것]에 의거하여 *눈*의 시각행위를 일상생활에 필요한 기본적인 것으로 간주한다.

사람들은 특정한 사물이나 상황 또는 사건을 직접 보거나 관찰하면, 이에 관한 다양한 지적, 정서적 경험을 한다. 이러한 경험을 기반으로 한국인과 독일인들은 은유적 개념구조 [앎/이해는 보는 것], [관심은 보는 것], [생각은 보는 것], [판단은 보는 것], [감정은 보는 것], [행동은 보는 것], [기본적인 것은 보는 것]에 의거하여 시각기관을 명명하는 *눈/Auge(n)*(으)로 사물, 상황, 사건 등에 관한 앎이나 이해, 관심, 생각 또는 감정, 그리고 행동, 때로는 삶의 기본적인 것을 표현한다.

4.1.2. 피

한국인과 독일인들은 몸 안에서 일어나는 *피/Blut*의 여러 가지 상

태로 격렬한 감정상태 또는 부정적인 감정상태를 표현한다. 먼저 전자
를 보자.

1) [감정상태는 피의 열]

용기 안의 액체가 끓으면 열이 발생하듯이, 흥분하거나 분노하면 몸
(용기)53) 안의 액체가 끓어올라 흥분과 분노의 열이 발생하고, 이로
인해 체온이 상승한다. 은유적인 관점에서 볼 때 한국인과 독일인들은
용기 안의 상황과 우리 몸 안의 상황 간의 유사성의 측면에서 추상적
개념인 흥분, 분노, 열정 같은 격한 감정을 구체적 개념, 즉 피가 용기
안에서 끓을 때 발생하는 열로 표출한다.54) 예를 들면 (18가)의 한국
어 관용어 *피(가) 끓다*'격한 감정 상태에 있거나 감정 따위가 격렬하
게 북받쳐 올라 흥분하다'는 끓어오르는 격한 감정상태를 혈관(용기)
안에서 피가 끓어올라 열이 발생하는 것으로 표현한다. (18나)의 *피가
뜨겁다*'의지가 강하고 매우 열정적이다'도 열정적인 감정상태를 혈관
(용기) 안에서 피가 뜨거워 열이 발생하는 것으로 표현한다.

　　(18가) *피 끓는* 젊은이들은 불의를 보면 참지 못한다.
　　(18나) 그는 어떤 일을 맡겨도 잘 해낼 수 있는 *피가 뜨거운* 사람이다.

한국인들은 (18가, 나)의 관용어에서 보았듯이 은유적 개념구조
[감정상태는 피의 열]에 의거하여 피가 끓어올라 열을 발생하는 것에

---

53) 용기은유에 관해서는 Lakoff(1980 : 29ff./1998 : 39ff.)를 참조하기 바란다.
54) Lakoff(1995 : 471)는 분노를 은유적으로 용기 속의 액체의 열로 설명한다.

비유하여 흥분, 분노, 열정 등의 격렬한 감정상태를 표현한다.

(19가, 나)의 독일어 관용어 *jmds. Blut in Wallung bringen* '몹시 흥분시키다'와 *jmds Blut gerät in Wallung* '몹시 흥분하다'도 누군가를 흥분시키거나 누군가가 흥분하는 감정상태를 혈관(용기) 안에서 피가 끓어서 열이 발생하는 것으로 나타낸다. (19다)의 *jmdm. kocht das Blut in den Adern* '몹시 분노하다'도 분노의 감정상태를 혈관(용기) 속의 피가 끓어올라 열을 발생하는 것으로 나타낸다.

> (19가) Der Wein hatte *sein Blut in Wallung gebracht*.
> '와인이 그를 몹시 흥분시켰다.'
> (19나) Ein sanfter Mensch war er nicht. Wenn *sein Blut in Wallung geriet*, war er nicht zu halten.
> '그는 부드러운 사람이 아니었다. 정말 심하게 흥분하면 그는 자제를 못한다.'
> (19다) Als er die verwüsteten Blumenbeete sah, *kochte ihm das Blut in den Adern*.
> '망가져 버린 화단을 보았을 때, 그는 굉장히 분노했다.'

독일인들도 (19가, 나, 다)의 관용어에서 언급하였듯이 은유적 개념구조 〔감정상태는 피의 열〕에 의거하여 혈관(용기) 속의 피가 끓어올라 열을 발생하는 것에 비유하여 흥분, 분노, 열정 같은 격렬한 감정상태를 표현한다.

2) 〔감정상태는 피의 비정상상태〕

분노하거나 괴로워하거나 고통스럽거나 놀라게 되면, 마음속은 제

정신을 잃은 것처럼 갈피를 못 잡은 어수선한 뒤죽박죽의 상태가 된
다. 이에 비유하여 한국인과 독일인들은 마음속의 상태와 몸속 상태의
유사성을 근간으로 몸속에서 일어나는 피의 비정상적인 상태에 비유
하여 부정적인 감정들을 표현한다.

피는 특정한 방향(좌심실−대동맥−여러 신체기관−대정맥−우심방)으로
순환되어야 하고, 혈관 내의 피의 농도도 적절하게 유지되어야 한다.
그렇지 않으면 건강에 이상이 초래된다. 이에 비유하여 한국인과 독일
인들은 분노, 괴로움, 고통, 놀람 같은 부정적인 감정을 몸 안에서 일
어나는 피의 비정상적인 상태로 표현한다. 예를 들면 (20가)의 한국어
관용어 *피가 거꾸로 솟다/돌다* '누구의 행동이나 상황이 마음에 들지
않아서 화가 몹시 치밀다'는 몹시 분노하여 화가 치밀어 오르는 감정
상태를 피가 정상적으로 돌지 않고 역방향으로 도는/솟는 것으로 표현
한다. (20나)의 *피가 마르다* '걱정이나 분노 등이 절정에 이르러 몹시
괴롭거나 애가 타다'는 마음이 몹시 괴롭거나 애타는 감정상태를 혈관
내에서 피가 말라버린 비정상적인 상태로 표현한다.

> (20가) 직장생활 하다 보면 *피가 거꾸로 솟는/도는* 일이 한 두 번이겠냐.
> (20나) 동생은 *피가 마르는* 긴장감을 참아가면서 최종합격자 발표를
> 기다리고 있다.

(20가, 나)의 한국어 관용어에서와 같이 한국인들은 은유적 개념구
조 〔감정상태는 피의 비정상상태〕에 의거하여 *피*, 즉 몸 안에 일어나
는 피의 비정상적인 상태로 분노, 괴로움, 긴장 같은 부정적인 감정상
태를 표현한다.

우리 몸속을 순환해야 하는 피가 마치 얼어버린 것처럼 응결(凝結)해서 혈관을 막아 버리면, 갑작스럽게 건강의 이상증세가 생겨서 긴장하고 놀라게 된다. 바로 이에 비유하여 너무 긴장하거나 놀라거나 무서워서 미동조차 할 수 없게 되는 상태를 한국인들은 *전신의 피가 얼어붙다* '몹시 긴장하다/놀라다/무섭다'로 표현한다.

> (21) 수업시간에 어쩌다가 그녀와 눈이 마주치면 *전신의 피가 얼어붙는 것* 같다.

(21)의 관용어에서와 같이 한국인들은 은유적 개념구조 [감정상태는 피의 비정상상태]에 의거하여 *피*, 즉 몸 안에서 일어나는 피의 비정상적인 상태로 몹시 긴장하거나 놀라거나 무서워하는 부정적인 감정상태를 표현한다.

(22가)의 독일어 관용어 *jmdm. erstarrte/gefrierte/gerinnte/stockte das Blut in den Adern* '몹시 놀라다'도 몹시 놀라는 감정상태를 혈관에서 피가 굳어버리는 것으로 나타낸다. 혈관을 통해 흘러야 하는 피가 혈관 밖으로 출혈해도 건강상의 문제가 발생한다. 이에 비유되는 (22나)의 독일어 관용어 *jmdm. blutet das Herz* '무슨 일로 인해 아주 고통스러워하다'는 몹시 고통스러운 감정상태를 심장이 출혈하는 것으로 나타낸다.[55]

---

55) 여기서 *Herz* '심장'은 마음으로 환유된다. 이에 관해서는 오예옥(2012 : 31f.)를 참고하기 바란다.

(22가) Beim Anblick des angerichteten Blutbades *erstarrte/ gefrierte/gerinnte/stockte ihnen das Blut in den Adern.* '그들은 벌어진 대량학살을 보고 몹시 놀랬다.'

(22나) Weil sein Sohn blind ist, *blutet ihm das Herz.* '아들이 앞을 못 보기 때문에, 그는 매우 고통스러워한다.'

따라서 독일인들도 (22가, 나)의 관용어에서와 같이 은유적 개념구조 〔감정상태는 피의 비정상상태〕에 의거하여 *Blut*로 또는 *bluten*, 즉 몸 안에서 일어나는 피의 비정상적인 상태로 놀람, 고통스러움 같은 부정적인 감정상태를 표현한다.

3) 〔강조는 피〕

사람들은 다치더라도 피가 나지 않으면 대수롭지 않게 반응을 하지만, 상처부위에 피가 나면 훨씬 강하게 반응을 한다. 피가 사람들의 반응을 더 강하게 표출하게 하기 때문이다. 이러한 세상 경험이 바로 언어표현에 반영되어 한국인과 독일인들은 상황이나 상태 등을 강하게 표현할 때 *피/Blut*를 사용한다. 예를 들면 한국인들은 고생스러운 상황을 *눈물을 흘리다* '고생하다'와 *똥을 싸다* '고생하다' 같은 관용어로 표현한다. 그러나 고생의 정도가 몹시 심할 때에는 (23가, 나)의 관용어 *피눈물(을) 흘리다/(눈에서) 피눈물이 나다* '몹시 고생하다'와 *피똥을 싸다* '몹시 고생해서 딱한 처지가 되다'로 표현한다. (23다)의 관용어 *피땀(을) 흘리다* '열심히 일하고 노력하며 고생하다'의 경우도 마찬가지이다. 이는 *땀(을) 흘리다* '열심히 일하다'보다 좀 더 강한 표현으로서 몹시 고생스럽지만, 그럼에도 불구하고 아주 열심히 일하는

상황을 나타낸다. (23라)의 *피에 울다* '몹시 슬피 울다'도 피를 토할
정도로 몹시 슬피 우는 것을 나타낸다.

> (23가) *피눈물 흘리는/피눈물이 나는* 노력을 했었기에 그는 그 분야의
>   전문가가 되었다.
> (23나) 그 친구는 그 일을 해내려고 지금 *피똥을 싸고* 있다.
> (23다) *피땀 흘려* 모은 재산을 한 순간의 화재로 다 날려 버렸다.
> (23라) 우리는 *피에 우는* 용산 참사 피해자들을 따뜻하게 보듬어야 한다.

한국인들은 언급한 (23가, 나, 다, 라)의 관용어에서와 같이 은유적
개념구조 〔피는 강조〕에 의거하여 상황이나 상태를 강하게 표현하는
강조의 의미를 *피*로 표현한다.

독일인들도 임의의 상황을 강하게 표현할 때 *Blut*를 사용한다. 예
를 들면 불안하거나 긴장하면 배도 아프고 손에 땀도 나는데, 독일인
들은 이를 반영하여 아주 심한 불안과 긴장상태를 피땀 흐르는 것으로
표현한다. 바로 독일어 관용어 (24가)의 *Blut schwitzen* '몹시 불안
하다'가 그러한데, 이 관용어는 몹시 불안해하는 것을 땀 흘리는 것보
다 더 심한, 즉 피땀을 흘리는 것으로 표현한다. (24나)의 *jmdn. bis
aufs Blut quälen/peinigen/reizen* '누구를 무척 괴롭히다/고문하다/
화나게 하다'는 누군가를 몹시 괴롭히는/고문하는/화나게 하는 것을
누구의 몸은 물론 몸 안의 피까지 괴롭히는/고문하는/화나게 하는 것
으로 표현한다.

> (24가) Ich habe in der Prüfung *Blut geschwitzt.*
>   '나는 시험 볼 때 매우 불안했다.'

(24나) Ein solch verantwortungsloses Verhalten *quält/peinigt/ reizt ihn* jedesmal *bis aufs Blut.*
'그러한 무책임한 태도가 그를 무척 괴롭혔다.'

독일인들도 (24가, 나)의 관용어에서와 같이 은유적 개념구조〔피는 강조〕에 의거하여 *Blut*로 상황이나 상태를 강하게 표현한다.

4) [부정적인 것은 피]

한국인과 독일인들은 *피/Blut*로 일상생활에서 일어나는 여러 가지 부정적인 개념들을 표현하기도 한다. 예를 들면 육체노동을 많이 하면 손이나 발 등에서 피가 나는데, 이에 비유되는 (25가)의 한국어 관용어 *피(가) 나다* '고생하다'는 피가 날 정도로 아주 고생스럽게 일하는 것을 몸에서 피가 나는 것으로 표현한다. 피 흘리면, 당사자는 이런저런 해(害)를 입게 된다. 이에 비유되는 (25나)의 한국어 관용어 *피를 보다* '크게 봉변을 당하거나 손해를 보다'는 봉변이나 손해 같은 부정적인 나쁜 일을 당하는 것을 피 흘리는 것으로 표현한다, (25다)의 *쌍코피가 터지다* '경제적 또는 정신적으로 타격을 입다'는 한꺼번에 두 가지의 손해를 보는 것을 양쪽 콧구멍에서 피가 터지는 것으로 표현한다. 독일인들도 (26)에서와 같이 심한 금전상의 손해를 보는 것을 *bluten* '피 흘리다'로 표현한다.

(25가) 내 동생은 사법고시 합격을 위해 *피나는 노력을 했다.*
(25나) *피를 보는* 쪽은 네 쪽이야. 난 손해 볼 것 없어.
(25다) 김 과장은 종합 소득세에 임대료와 각종 공과금이 함께 나와 *쌍*

코피가 터졌다.
(26) Du musst schwer *bluten.*
'너 막대한 손실을 각오해야 할 거다.'

한국인과 독일인들은 (25가, 나, 다)의 한국어 관용어와 (26)의 문장에서와 같이 은유적 개념구조 [부정적인 것은 피]에 의거하여 *피/bluten*으로 고생, 봉변, 손해 같은 부정적인 개념들을 표출한다.

누군가로부터 폭력을 당하면 혈관이 터져 피부에 퍼렇게 멍이 든다. 한국인들은 이러한 신체의 증상을 억울하고 원통한 일을 당했음에도 이를 밖으로 드러내지 못하고 혼자 남몰래 삭이고 참아내는 한국여성들의 마음속에 든 멍, 즉 한(恨)으로 표현한다. 이는 한국의 가부장적 유교문화에서 많은 인습적 제약 속에서 살고 있는 한국여성들의 삶의 고통을 나타낸다. 이에 비유되는 (27)의 한국어 관용어 *피(가) 맺히다* '한이 사무치다'는 마음속의 한(恨)이 사무치는 것을 피가 맺혀 멍이 드는 것으로 나타낸다.

(27) *피 맺힌* 사연이 적힌 우리 어머니의 일기장을 보는 순간 흐르는 눈물을 주체할 수 없었다.

한국인들은 (27)의 관용어에서와 같이 은유적 개념구조 [부정적인 것은 피]에 의거하여 *피*, 즉 피부에 퍼렇게 든 피멍으로 한(恨) 같은 부정적인 개념을 표현하기도 한다.

5) [결의는 피]

옛 중국인들은 강한 의지의 표시로 생혈을 마시면서 죽을 때까지 변치 말자고 맹세하였다고 한다. 이러한 중국문화의 영향에서 형성된 (28)의 한국어 관용어 *피를 마시다* '굳게 맹세하다'는 서로 굳게 맹세하는 것을 피를 마시는 것으로 표현한다.

(28) 그들은 죽을 때까지 변치 말자고 *피를 마시며* 굳게 다짐했다.

(28)의 관용어에서와 같이 한국인들은 은유적 개념구조 [결의는 피]에 의거하여 마음을 굳게 먹고 뜻을 정한 비장한 각오나 의지를 *피*로 표현한다.56) 한국인들이 자주 사용하는 *혈서(血書)를 쓰다*의 *혈(血)*도 같은 맥락에서 설명된다.

언급하였듯이 한국인과 독일인들은 몸속에서 피가 끓을 때 발생하는 열을 은유적 매개체로 하는 은유적 개념구조 [감정상태는 피의 열]에 의거하여 흥분, 분노, 열정 같은 격한 감정사태를 *피/Blut*로 표현한다. 아울러 한국인과 독일인들은 피의 순환방향이나 농도의 비정상적인 상태를 은유적 매개체로 하는 은유적 개념구조 [감정상태는 피의

---

56) 중국속담 *乳嗅未干* '머리에 피도 마르지 않다'에서 명사 *乳*는 '젖, 갓 태어난', 동사 *嗅*는 '(코로) 냄새를 맡다', 부사 *未*는 '(일찍이) … 한 적이 없다' 그리고 형용사 *干*는 '마르다/건조하다'를 나타낸다. 이 중국속담은 아직 젖 냄새도 마르지 않은 갓 태어난 어린 아이의 상태를 나타낸다. 한국인들은 이러한 맥락에서 형성된 관용어 *피도 마르지 않다/피도 안 마르다* '아직 어리다'를 사용한다. 여기서 *피*는 출산 시 묻은 피가 아직 마르지 않은, 즉 아직 매우 어린 것을 나타낸다.

비정상상태]에 의거하여 분노, 괴로움, 고통, 긴장, 놀람, 한(恨)같은 부정적인 감정상태를 *피/Blut*로 표현한다. 한국인과 독일인들은 은유적 개념구조 [강조는 피]에 의거하여 상황이나 상태를 강하게 표현할 때 *피/Blut*를 사용하기도 한다. 또한 피를 부정적인 개념으로 보는 경향이 있어서 그런지 한국인과 독일인들은 은유적 개념구조 [부정적인 것은 피]에 의거하여 *피/Blut/bluten*으로 고생, 봉변, 손해, 한(恨) 같이 일상생활에서 일어나는 여러 가지 부정적인 개념들을 표현한다. 피를 강한 의지의 상징으로 보는 한국인들은 은유적 개념구조 [결의는 피]에 의거하여 비장한 결의를 *피*로 표현하기도 한다.

4.1.3. 빨간색

사람들은 사회적으로 내려온 관습적인 또는 상징적인 개념들을 특정한 색깔로 표현하곤 한다. 그래서 색깔명으로 사람들은 정치적 성향이나 사회적 신분, 문화적 취향, 감정이나 신체상태 등을 표현하는가 보다. 예를 들어 19세기 프랑스 사회정치사의 격동기를 배경으로 한 뮤지컬 영화 "레미제라블"의 "빨강과 검정"의 노랫말에서 빨간색은 성난 민중의 피에 비유되는 혁명 내지 투쟁의 색, 세상과 인간의 영혼을 구원하는 색, 열정의 색으로 묘사된다. 그 이외에도 빨간색은 인류 진화의 전환점을 마련해준 불의 색으로서 불같은 사랑의 색 또는 정열의 색으로도 표현되고, 태양이나 제왕의 색으로서 귀족의 색으로도 표현된다. 한국에서 빨간색은 잡귀를 몰아내는 주술의 색으로도 표현된다.57) 이러한 세상경험을 근간으로 한국인과 독일인들은 빨간색으로

다양한 개념들을 표출한다.58) 먼저 사회주의를 빨간색으로 표현하는
경우를 보자.

1) [사회주의는 빨간색]

빨간색은 사회주의 내지 공산주의의 정치적 성향을 상징하는 색으
로 사용된다. 이는 빨간색을 국기의 기본색으로 하고 있는 구소련이나
중국 같은 사회주의 국가에서 확인된다. 이에 비유하여 "빨강+이"의
어원을 지니는 (29가)의 한국어 관용어 *빨갱이*는 사회주의자 내지 공
산주의자를 속되게 이르는 말이다. (29나)의 *적화(赤化)* '사회주의화
함'은 사회주의화를 붉게 만드는 것으로 표현하고 있다. (29다)의 *적
화(赤禍)* '사회주의로 인해 입은 화(禍)'는 사회주의로 인해 입은 재앙과
고난을 나타낸다.

> (29가) *빨갱이* 논리는 이미 사라졌어야 할 국민 분열행위이다.
> (29나) 그는 이 나라를 무력으로 *적화(赤化)*하려고 한다.
> (29다) *적화(赤禍)*로 인한 상처는 10년이 지나도 잊혀 지지 않는다.

(29가)의 *빨갱이*와 (29나, 다)의 *적화(赤化)*와 *적화(赤禍)*에서와 같
이 한국인들은 은유적 개념구조 [사회주의는 빨간색]에 의거하여 사
회주의를 *빨강*과 *적(赤)*으로 표현한다.

---

57) 동짓날에 붉은 색의 팥죽을 먹거나 이사한 후에 팥 시루떡을 나누어 먹는 한국인
    들의 풍습은 잡귀나 악귀 또는 병마를 물리친다는 주술적 토속신앙에서 유래된
    것으로 본다.
58) 여기서는 빨간색을 예로 설명하지만, 그 이외의 검정색 등 다른 색깔도 세상경험
    을 근간으로 하는 유사한 방법으로 설명 가능할 것으로 본다.

(30가)의 독일어 관용어 *Er ist ein Roter* '그는 사회주의자이다'에서도 *rot*는 사회주의를 나타낸다. (30나)의 *die rote Fahne*는 바이마르 시대부터 나치 시대에 걸쳐 발간된 독일 사회주의 기관지의 명칭이므로, 여기서 *rot*는 사회주의를 나타낸다. (30다)의 *die rote Revolution* '사회주의 혁명' 그리고 *die rote Armee* '적군'(赤軍)에서도 *rot*는 사회주의를 나타낸다. 사회주의 국가였던 구동독의 정치적 용어인 (30라)의 *rote Socke* '구동독 SED 당원59)으로서 권력의 핵심에서 일한 사람'에서도 *rot*는 사회주의를 나타낸다. (30마)의 *Rot-Grün* '사민당과 녹색당'에서 *Rot*는 민주적 사회주의의 전통성을 지지하는 독일 사회민주당(SPD)을 가리킨다.

    (30가) *Er ist ein Roter*. 그는 사회주의자이다.

    (30나) Die Zeitung '*Die Rote Fahne*' wurde am 9. November 1918 von Karl Liebknecht und Rosa Luxemburg in Berlin gegründet.
           '신문 'Die Rote Fahne'는 1918년 11월 9일 베를린에서 Karl Liebknecht와 Rosa Luxemburg에 의해 창간되었다.'

    (30다) Die russische Revolution war eine *rote Revolution*, weil es dabei die *rote Armee* gab.
           '소련 혁명은 적군(赤軍)이 개입되었기 때문에 사회주의 혁명이다.'

    (30라) Er war in seinen Jünglingsjahren eine ziemlich *rote Socke* in der DDR.
           '그는 젊은 시절 동독 권력의 핵심에서 일했던 SED 당원이었다.'

    (30마) Mit dem Sieg von *Rot-Grün* in Niedersachsen hat sich

---

59) *rote Socke* '구동독의 SED당원'은 빨강 양말(부분)로 빨강 양말을 신은 사람(전체)를 나타내므로, 환유적 개념구조 〔부분으로 전체를 대신함〕로 설명된다.

die Macht im Bundesrat verschoben.
'니더작센에서 사민당-녹생당이 승리함으로써 독일 참의원에서
힘의 구도가 변화하였다.'

독일어 관용어 (30가, 나, 다, 라, 마)에서 보았듯이 독일인들도 은
유적 개념구조 〔사회주의는 빨간색〕에 의거하여 사회주의를 *rot*로 표
현한다.

2) 〔불은 빨간색〕

독일인들은 불(火)의 실제 색깔인 빨간색, 즉 *rot*로 불을 비유하기도
한다. 예를 들면 (31)의 독일어 관용어 *jmdm. den roten Hahn aufs*
Dach setzen '누구의 집에 불을 지르다'에서 *rot*는 실제로 불을 나타
낸다.

(31) Die Marodeure *setzten dem Bauer den roten Hahn aufs*
Dach.
'약탈자들은 농부의 집에 불을 질렀다.'

이 관용어에서와 같이 독일인들은 은유적 개념구조 〔불은 빨간색〕
에 의거하여 불의 색깔인 *rot*로 불을 표현한다.

은유적 개념구조 〔불은 빨간색〕으로 설명되는 한국어 관용어는 찾
지 못했지만, 그럼에도 불구하고 (32)의 한국어 문장에서 *빨간색 소방*
*차*는 불자동차를 연상하게 하므로, 여기서 *빨간색*은 불(火)로 연상된다.

(32) *빨간색* 소방차는 빨리 달리고 싶어 한다.

독일인과 한국인들은 일상생활의 부정적인 또는 긍정적인 개념들을 빨간색으로 표현하기도 한다. 먼저 전자의 경우를 보자.

3) [부정적인 것은 빨간색]

(33)의 한국어 관용어 *빨간불이/붉은 등이/적신호(赤信號)가 켜지다/울리다* '경계해야 할 위험한 일이 생기다'에서 빨간색을 나타내는 *빨간, 붉은, 적(赤)*은 사회현상이나 건강상태에 위험신호가 온 것을 나타낸다.

> (33) 우리 경제에/그의 건강에 *빨간불이/붉은 등이/적신호가 켜졌다/울렸다.*

한국인들은 (33)의 관용어에서와 같이 은유적 개념구조 [부정적인 것은 빨간색]에 의거하여 *빨간, 붉은, 적(赤)*으로 위험이나 경계를 알리는 부정적인 개념을 표현한다.

독일인들도 빨간색을 위험신호로 표현한다. 예를 들면 (34가)의 독일어 관용어 *die rote Laterne* '위험'은 앞으로 일어날 위험을 빨간 빛으로 표현한다. (34나)의 *rote Linie* '넘어서는 안 될 선'은 넘어서는 안 되는 위험한 선을 빨간 선으로 표현한다. 독일인들은 남의 의견이나 제안을 거부할 때에도 (34다)의 독일어 관용어 *rote Karte* '어떤 의견이나 행위에 대한 완강한 거부의 표시'를 사용한다.

> (34가) Deutschland hat in der Wachstumsprognose *die rote Laterne*.

'독일은 경제성장 예측에서 위험을 예견하고 있다.'

(34나) Überschreitet der Iran die *"rote Linie"*?

'이란은 "넘어서는 안 될 선"을 넘을 것인가?'

(34다) Die Eltern und Schüler zeigten dem Veranstalter *rote Karte.*

'부모와 학생들은 강연자의 의견을 완강하게 거부하였다.'

독일인들도 (34가, 나, 다)의 관용어에서 보았듯이 은유적 개념구조 [부정적인 것은 빨간색]에 의거하여 *rot*로 위험 신호 또는 완강한 거부 같은 부정적인 개념들을 표현한다.

빨간색 교통신호등은 차량 진행이나 보행자 횡단을 금지한다. 축구 경기에서 빨간 카드는 심한 반칙 플레이를 한 선수에게 주어지는 카드로서 더 이상 경기에 참여하는 것을 금지한다. 바로 이를 반영하는 (35)의 한국어 관용어 *레드 카드를 받다* '퇴장하다'는 더 이상 경기를 뛸 수 없는 것을 나타내고, (36)의 독일어 관용어 *die rote Karte* '퇴장을 명령하는 카드'는 더 이상 경기를 뛸 수 없으니 퇴장할 것을 명령하는 카드를 나타낸다.

(35) 1998년 멕시코와의 경기에서 하석주는 첫 골의 기쁨을 맛보기도 전에 백태클로 *레드 카드*를 받았다.

(36) Voller Wut hat Karl-Heinz Rummenigge auf *die rote Karte* reagiert.

'Karl-Heinz Rummenigge는 레드 카드에 아주 격한 반응을 보였다.'

(35)와 (36)의 한국어와 독일어 관용어에서와 같이 한국인과 독일

인들은 은유적 개념구조 [부정적인 것은 빨간색]에 의거하여 *빨강*과 *rot*로 퇴장명령 같은 부정적인 개념을 표현한다.

(37)의 독일어 관용어 *die rote Laterne* '스포츠에서의 최하위 순위'는 자동차 뒤쪽의 끝, 즉 후미 등의 색깔인 빨간색에서 나온 관용어[60]로서, 스포츠 경기에서 가장 낮은 순위를 나타낸다.

> (37) Mit dem letzten Sieg konnten die Münchener *die rote Laterne* endgültig abgeben.
> '최근 뮌헨 팀은 게임을 이겨서 최하위 순위를 내줄 수 있었다.'

(37)의 독일어 관용어에서와 같이 독일인들도 은유적 개념구조 [부정적인 것은 빨간색]에 의거하여 *rot*로 스포츠에서 꼴찌 순위라는 부정적인 개념을 나타낸다.

일본인들은 한국의 독립 운동가들을 투옥했고, 이러한 전과를 나타내기 위해 부정적인 의미의 빨간 줄을 그들의 호적에 그었다고 한다. 이러한 일본인들의 만행에서 유래된 (38가)의 한국어 관용어 *빨간 줄이 그어지다* '범죄 행위를 저지른 전과가 있다'에서 빨간은 범죄행위를 저지른 전과를 나타낸다. (38나)의 *주홍 글씨* '저지른 죄가 세상에 알려져서 늘 해당 사람을 따라 다니는 죄의 꼬리표'에서도 *주홍(朱紅)*은 붉은 쪽에 가까운 색으로서 누군가를 따라다니는 부정적인 개념, 즉 죄의 꼬리표를 나타낸다.

---

60) 이에 관해서는 Duden(2008 : 631)을 참조하기 바란다.

(38가) 호적에 *빨간 줄이 그어지면*, 취업이 그리 쉽지 않을 텐데.
(38나) 그 학생은 학생부에 남아 있는 *주홍 글씨* 때문에 자살을 했다.

(38가, 나)의 관용어에서 보았듯이, 한국인들은 은유적 개념구조 〔부정적인 것은 빨간색〕에 *빨간*이나 *주홍*으로 전과나 죄 같은 부정적인 개념을 나타낸다.

한국인과 독일인들은 금전출납부나 가계부를 쓸 때 수입보다 지출이 많아서 생긴 부족액을 붉은 글씨, 즉 적자(赤子)로 쓰곤 한다. 이를 나타내는 (39)의 한국어 관용어 *적자를 내다/보다* '손해를 입다/수입보다 지출이 많아 수지가 맞지 않다'에서 *적자(赤子)*는 지출이 수입을 초과할 때 나타나는 결손을 의미한다.

(39) 2012년에 많은 중소기업들이 *적자를 냈다/봤다.*

(39)의 관용어에서와 같이 한국인들은 은유적 개념구조 〔부정적인 것은 빨간색〕에 의거하여 *적자(赤子)*의 *적(赤)*으로 손해의 개념을 표현한다.

(40가)의 독일어 관용어 *rote Zahlen schreiben* '적자(赤子)를 내다/기록하다'는 적자, 즉 지출이 수입보다 많아서 결손액이 생기는 것을 나타낸다. (40나)의 *aus den roten Zahlen kommen/heraus sein* '수익을 내다'는 적자상태에서 회복되어 이익을 거두어들이는 상태가 되는 것을 나타낸다. (40다, 라)의 *in die roten kommen/geraten* '손해/손실을 보다'와 *in den roten Zahlen sein* '적자(赤子)를 보다'의 관용어에서도 손해나 적자를 보는 것을 나타낸다.

(40가) Seit zwei Jahren *schreibt* die Firma *rote Zahlen.*
'2년 전부터 회사는 적자를 내고 있다.'

(40나) Wir werden nie *aus den roten Zahlen kommen/heraus sein.*
'우리는 다시 수익을 내지 못할 것이다.'

(40다) Wenn wir nicht *in die roten Zahlen kommen*, dann werden wir mit Personaleinstellung rechnen.
'손해를 보지 않는다면, 우리들은 직원채용을 고려할 것이다.'

(40라) Wie kann eine Fluggesellschaft überleben, die seit Jahren *in den roten Zahlen ist*?
'몇 년 전부터 적자를 보고 있는 비행사가 어떻게 살아남을 수 있을런지요?'

독일인들도 (40가, 나, 다, 라)의 관용에서와 같이 은유적 개념구조 [부정적인 것은 빨간색]에 의거하여 *rot*로 손해나 적자 같은 부정적인 개념을 표현한다.

한국인과 독일인들은 환락에 빠진 타락한 사회의 모습도 빨간색으로 표현한다. 즉 밤이면 붉은 네온사인 색으로 도배하는 환락의 거리를 나타내는 (41)의 한국어 문장에서의 *홍등가(紅燈街)*와 (42)의 독일어 문장에서의 *Rotlichtviertel*은 붉은 등이 켜져 있는 거리라는 뜻으로서 유곽(遊廓), 즉 술집 등이 늘어선 환락의 거리를 나타낸다.

(41) *홍등가*에서 일하는 미성년자들을 다시 사회 안으로 불러들일 방법은 없을까.

(42) Michael Guttmann ist Portier im *Rotlichtviertel*. Er soll Kunden in die Bar locken.
'마이클 구트만씨는 홍등가의 경비원이다. 그는 고객들을 유인한

후 바 안으로 끌어 들인다.'

언급하였듯이 한국인과 독일인들은 은유적 개념구조〔부정적인 것은 빨간색〕에 의거하여 홍(紅)과 *rot*로 부정적인 환락의 개념을 나타낸다.

4) 〔긍정적인 것은 빨간색〕

달력에 빨간색으로 쓰인 날들은 노동자들에게는 근무할 필요가 없는 공휴일로서 휴식을 취하는 특별한 날이다. 이에 비유되는 (43가)의 한국어 관용어 *빨간 날* '공휴일'의 *빨간*은 특별함 같은 긍정적인 개념을 나타낸다. (43나)의 *이왕이면 다홍치마* '동일한 조건이라면 좀 더 좋은 것을 고르기'는 같은 조건에서 좀 더 좋은 것을 선택하는 것을 나타낸다.61)

> (43가) 내일은 *빨간 날*이라 늦잠을 자도 될 것 같다.
> (43나) 돈이 중요한 세상인데, *이왕이면 다홍치마*라고 부잣집 딸과 결혼하는 것도 나쁘지 않을 거야.

(43가, 나)의 관용어에서와 같이 한국인들은 은유적 개념구조〔긍정적인 것은 빨간색〕에 의거하여 *빨간*과 붉은 빛깔을 나타내는 *다홍의* 홍(紅)으로 좀 더 좋고 특별한 것을 나타내는 긍정적인 개념을 표현한다. (44가)의 독일어 관용어 *ein rot-Buchstaben-Tag* '공휴일/특별한

---

61) (43나)에서 *다홍치마*는 첫 아이를 낳기 전에 새색시가 입는 옷으로서 빨강치마를 입은 젊은 여자를 나타낸다. 이 의미는 부분(*다홍치마*)으로 전체(*젊은 여자*)를 나타내는 환유적 개념구조〔부분개념으로 전체개념을 대신함〕으로 설명된다.

날'에서도 *rot*는 좋고 특별한 것을 나타낸다. 특별한 날이나 사건을 기억하기 위해 달력에 빨간색으로 표시하는 것을 연상하게 하는 (44나)의 *sich etw. im Kalender rot anstreichen* '무엇을/어떤 날을 특별히 기억하다'에서도 *rot*는 특별하고 좋은 것을 나타낸다.

> (44가) In Deutschland. ist der 26. Dezember ein *rot-Buchstaben Tag*.
> '독일에서 12월 26일은 공휴일이다.'
> (44나) Die Cups werden am 9.9. 2013 ausgetragen. Wir müssen *uns diesen Tag im Kalender rot anstreichen*.
> '우승컵대회는 2013년 9월 9일에 개최된다. 우리들은 이 날을 특별히 기억해야 한다.'

독일인들도 (44가, 나)의 관용어에서와 같이 은유적 개념구조〔긍정적인 것은 빨간색〕에 의거하여 *rot*로 특별하고 좋은 것을 나타내는 긍정적인 개념을 표현한다.

귀족의 색을 상징하는 빨간색은 예우 내지 권위의 개념을 나타낸다. 예를 들면 (45)의 *레드카펫*은 권위있는 국제영화제 같은 큰 시상식에서 잘 차려 입은 유명 연예인들이 카메라 플래시를 받으며 차에서 내려서 식장 안으로 걸어 들어가는 길의 바닥에 깔아 놓은 예우용 빨간 양탄자를 말한다. (46)의 독일어 관용어 *(für jmdn.) den roten Teppich ausrollen* '누구를 귀빈대우하다'에서도 *den roten Teppich*는 누구를 그의 권위에 상응하게 맞이하기 위해 깔아 놓은 예우용 빨간 양탄자를 말한다.

(45) 어제 세종문화회관에서 개최된 *레드카펫* 행사에서 한 신인 여배
우가 계단에서 넘어졌다.

(46) Für ihn müssen wir *den roten Teppich ausgerollen.*
'우리는 그를 귀빈 대우해야 한다.'

(45)와 (46)의 한국어와 독일어 관용어에서와 같이 한국인과 독일
인들은 은유적 개념구조 [긍정적인 것은 빨간색]에 의거하여 *레드*와
*rot*로 특정 분야에서 뛰어난 사람을 그의 권위에 맞게 예우해 주는 긍
정적인 개념을 표현한다.

한국인과 독일인들은 빨간색으로 아름다운 사랑을 표현하기도 한
다. 예를 들면 (47)의 한국어 문장에서 *핏빛 로맨스* '아름다운 로맨스'
는 남녀 간의 아름다운 사랑 이야기를 나타낸다.

(47) 남녀 주인공의 *핏빛 로맨스*를 기대하시라.

(47)에서와 같이 한국인들은 은유적 개념구조 [긍정적인 것은 빨간
색]에 의거하여 피의 빛깔과 비슷한 새빨간 색, 즉 *핏빛*으로 아름다운
사랑 같은 긍정적인 개념을 표현한다.

독일어 문장 (48)의 *rote Rosen* '붉은 장미꽃'에서도 *rot*는 *Rosen*
과 함께 사랑을 연상하게 한다.

(48) Er hat mir zu meinem 25. Geburtstag 25 *rote Rosen*
geschenkt. Ich weiss schon, was es bedeutet.
'그는 나의 25번째 생일날에 빨간 장미꽃 25송이를 선물했어. 그
것이 무엇을 의미하는지 나 알고 있거든.'

(48)에서 언급하였듯이, 독일인들도 은유적 개념구조〔긍정적인 것은 빨간색〕에 의거하여 *rot*로 아름다운 사랑 같은 긍정적인 개념을 표현한다.

(49가)의 독일어 관용어 *etw. durch eine rote Brille sehen/betrachten* '무엇을 낙관적으로 보다'는 빨간 안경을 쓰고 무언가를 낙관적으로 보는 것을 표현한다. 논문 발표에서 발표요지를 잃지 않고 처음부터 끝까지 일관성을 지키는 것은 매우 중요한데, 이를 독일인들은 (48나)의 관용어 *den roten Faden* '일관성'으로 표현한다.

> (49가) Er *sieht/betrachtet alles* nicht *durch eine rote Brille.*
>   '그는 모든 것을 낙관적으로 보지 않는다.'
> (49나) Du darfst in dem Referat *den roten Faden* nicht verlieren.
>   '너는 발표할 때 일관성을 잃어서는 안 된다.'

(49가, 나)에서 보았듯이 독일인들도 은유적 개념구조〔긍정적인 것은 빨간색〕에 의거하여 *rot*로 낙관이나 일관성 같은 긍정적인 개념을 표현한다.

5) 〔여자는 빨간색〕

한국인들은 빨간색을 여자로 비유하기도 한다.62) 예를 들면 (50)의 *홍일점(紅一點)* '남자들 틈에 끼어 있는 외모가 뛰어난 하나뿐인 여자'는 푸른 나뭇잎 사이에 피어 있는 한 송이의 붉은 꽃, 즉 아름다운 여

---

62) *홍일점*에 대하여 *청일점*이 생겨났다. : *그는 패션계의 청일점(靑一點)이다.* 여기서 *청일점*은 여자들 사이에 끼어있는 남자를 말한다.

인이라는 데에서 유래한다. 여기서 *홍일점*이 말하는 붉은 점은 꽃을 말하며, 꽃은 바로 아름다운 여인을 나타낸다.

(50) 네가 우리 프로젝트 팀에서 *홍일점(紅一點)*이니 잘 해야 할 거다.

언급하였듯이 한국인들은 은유적 개념구조 〔여자는 빨간색〕에 의거하여 빨간색의 홍*(紅)*으로 여자를 나타낸다.63)

6) 〔강조는 빨간색〕

한국인과 독일인들은 어떤 표현을 강하게 표현할 때 빨간색을 사용하기도 한다. 예를 들면 (51가)의 한국어 관용어 *새빨간 거짓말이다* '정말 터무니없는 거짓말이다'는 너무나도 뻔한 거짓말임을 강조해서 표현한다. 여기서 *새빨간*은 빨간색을 나타내는 것이 아니라 거짓말의 정도를 강하게 나타낸다. (51나)의 *새빨간 불상놈* '상놈 중에도 가장 못 배운 그래서 버릇이 아주 없는 놈'에서도 새빨간은 불상놈의 정도를 강조한다.64) (51다)의 *적나라(赤裸裸)하다* '있는 그대로 다 드러나 더 이상 숨길 것이 없다'에서 *적(赤)*도 몸에 아무 것도 걸치지 않은 그야 말로 발가벗은 "나/라*(裸)*"의 상태를 강조한다. 그러므로 이 관용어는 숨김없이 본디 모습을 있는 그대로 드러내는 것을 나타낸다. (51라)의 *적빈(赤貧)* '매우 가난함'의 *적(赤)*도 빈(貧), 즉 몹시 가난한 상태

---

63) 동짓날에 팥죽을 먹거나 이사 후에 팥 시루떡을 먹는 관습에서 표출되듯이, 한국인들 붉은 색을 잡귀를 몰아내는 주술색으로도 사용한다. 그럼에도 불구하고 빨간색을 주술색으로 표출하는 한국어 관용어는 찾지 못했다.

64) *불상놈*의 불은 '개불알'을 나타내므로, '개불알 같은 상놈'을 일컫기도 함.

를 강조한다. (51마)의 *핏빛복수* '피를 볼 정도로 아주 잔인한 복수'에서도 *핏빛*은 4.1.2.의 3)에서 언급한 은유적 개념구조 [강조는 피]에서와 같이 복수의 정도가 아주 잔인함을 나타낸다.

(51가) 네가 돈을 훔치지 않았다는 것은 *새빨간 거짓말*인줄 아는데, 네 아버지를 봐서 모든 것을 용서하겠다.

(51나) *새빨간 불상놈*인 제가 주인집 아가씨를 사모하는 것이 허황된 짓인 줄 잘 알고 있습니다.

(51다) *적나라(赤裸裸)*하게 드러난 여배우의 속옷노출이 인터넷을 뜨겁게 달군다.

(51라) *적빈(赤貧)*한 삶을 산 그는 대작을 남기고 세상을 떠나고 말았다.

(51마) 남녀 주인공 간의 *핏빛복수*를 기대하시라.

언급한 한국어 관용어에서 보았듯이, 한국인들은 빨간색을 나타내는 *새빨간, 적(赤), 핏빛*을 은유적 개념구조 [강조는 빨간색]에 의거하여 상태나 상황의 정도를 강조할 때 사용한다.

한국인들은 빨간색의 *적(赤)*을 '비다', '아무것도 없다', '가진 것이 없다'의 의미로도 사용한다. 예를 들면 갓 태어난 신생아의 피부는 불그스레하다. 이에 비유되는 (52가)의 *적자(赤子)* '발가벗은 신생아'는 태어난지 얼마 되지 않은 신생아가 아무 것도 걸치지 않은 그야말로 발가벗은 상태에서 붉은 피부를 있는 그대로 내보이는 것을 나타낸다.[65) 가진 것도 없고, 의지할 일가붙이도 없는 외로운 몸, 즉 혈혈단신을 나타내는 (52나)의 *적수단신(赤手單身)* '맨손과 홀몸'에서도 *적수*

---

65) *적자(赤子)*는 임금이 갓난아이처럼 사랑한다는 뜻에서 '백성'을 칭하기도 함.

*(赤手)*는 가진 것이 아무 것도 없는 그야말로 빈손을 나타낸다.

(52가) 임금의 덕은 백성을 내 *적자(赤子)* 같이 사랑하는 것이다.
(52나) *적수단신(赤手單身)*으로 이 험한 세상을 어떻게 헤쳐 나갈까?

한국인들은 은유적 개념구조 〔강조는 빨간색〕에 의거하여 (52가, 나)에서 빨간색을 나타내는 *적자(赤子)*나 *적수(赤手)*의 *적(赤)*으로 아무 것도 입고 있지 않거나 아무 것도 갖고 있지 않는 그야말로 무(無)의 상태를 강조하는 것을 나타낸다.

(53가)의 독일어 관용어 *Es ist nicht einen roten Cent wert.* '전혀 가치가 없다'에서도 *rot*는 *einen Cent* '1센트', 즉 1센트만큼의 가치조차도 없는 상태를 강조한다. (53나)의 독일어 관용어 *keinen roten Heller haben* '일전 한 푼도 없다'에서도 *rot*는 돈이 하나도 없는 상태를 강조한다. (53다)의 관용어 *keinen roten Heller für jmdn/ etwas geben* '누구에게/무엇을 할 가능성이 전혀 없다'에서도 *rot*는 무엇을 할 가능성이 전혀 없는 상태를 강조한다.

(53가) *Es ist nicht einen roten Cent wert.*
　　　'전혀 가치가 없다.'
(53나) Er *hat keinen roten Heller* mehr.
　　　'그는 일전 한 푼도 없다.'
(53다) Ich *gebe keinen roten Heller für einen erfolgreichen Abschluss der Verhandlungen.*
　　　'나는 협상을 전혀 성공적으로 끝낼 것 같지 않다.'

독일인들도 (53가, 나, 다)의 독일어 관용어에서와 같이 은유적 개념구조 〔강조는 빨간색〕에 의거하여 *rot*를 상태나 상황의 정도를 강조할 때 사용한다.

사람들은 사회적으로 전해 내려온 관습적인 또는 상징적인 개념들을 색깔명으로 표현하곤 한다. 여기서는 *빨강, 빨간, 붉은, 핏빛, 새빨간, 적(赤), 주홍(朱紅), 홍(紅)* 그리고 *rot*로 표현되는 빨간색으로 다양한 개념들을 표출하는 한국인과 독일인들의 언어사용을 보았다. 즉 한국인과 독일인들은 빨간색으로 은유적 개념구조 〔사회주의는 빨간색〕에 의거하여 정치적 성향인 사회주의를, 그리고 은유적 개념구조 〔불은 빨간색〕에 의거하여 불(火)을 표현한다. 아울러 한국인과 독일인들은 은유적 개념구조 〔부정적인 것은 빨간색〕과 〔긍정적인 것은 빨간색〕에 의거하여 빨간색으로 건강이 나쁜 상태, 위험신호, 완강한 거부, 퇴장, 꼴찌순위, 전과, 손해, 환락 같은 부정적인 개념들과 특별하고 좋은 것, 예우, 사랑, 낙관, 일관성 같은 긍정적인 개념들을 표현한다. 한국인들은 은유적 개념구조 〔여자는 빨간색〕에 의거하여 빨간색으로 여자를 표현하기도 한다. 은유적 개념구조 〔강조는 빨간색〕에 의거하여 한국인과 독일인들은 상황이나 상태를 강하게 표현할 때에도 빨간색을 사용한다.

4.2. 용기은유에 의거한 은유적 의미사용

4.2.1. 눈

1) [눈은 용기]

물체를 바라보는 시각기관인 눈에는, 좀 더 정확히 말하면 눈의 시야에는 늘 다양한 장면들이 들어온다. 따라서 눈은 1.3.에서 언급한 용기개념에 의거하면 다양한 장면을 담고 있는 하나의 용기로 은유된다.66) 한국인과 독일인들이 이 용기은유에 의거하여 *눈/Auge(n)*으로 어떠한 의미들을 표출하는가를 보자. 먼저 눈을 용기로 표현하는 경우를 언급한다.

(54가, 나)의 한국어 관용어 *눈에 들어오다* '시야에 들어오다'와 *눈에 띄다/뜨이다* '두드러지게 시야에 들어오다'는 임의의 장면이나 물체 등이 눈의 시야 공간에 들어오는 것을 나타낸다.

(54가) 속초에 들어서니 붉고 노랗게 물든 가을 설악이 *눈에 들어왔다*.
(54나) 자동차 열쇠는 항상 *눈에 띄는/뜨이는* 곳에 두어야 한다.

한국인들은 (54가, 나)의 한국어 관용어에서와 같이 용기 은유적 개념구조 [눈은 용기]에 의거하여 눈을 하나의 용기로 표현한다.

(55가, 나)의 독일어 관용어 *geh mir aus den Augen* '꺼져버려'와

---

66) Lakoff/Johnson(1980 : 30/1998 : 41)은 시야에 들어오는 제한된 물리적 공간들을 용기 은유적 개념구조 [시야는 용기]에 의거하여 하나의 용기로 개념화한다

aus den Augen, aus dem Sinn '안 보면 마음도 멀어지다'는 누군가
가 시야에서 사라지는 것을 나타낸다. (55다)의 *einer Sache*(Dativ)
ins Auge sehen/blicken '어떤 일을 직시(直視)하다'와 (55라)의
jmdm. ins Auge/in die Augen stechen '누구의 시선을 끌다'는 사물
이 누구의 시야 안으로 들어오는 것, 즉 꽂히는 것을 나타낸다. (55
마)의 *jmdm etw. vor Augen führen/halten/stellen* '누구에게 무엇
을 분명하게 해주다'는 누가 보는 앞에서, 즉 누구의 시야에서 무엇을
분명하게 해주는 것을 나타낸다. (55바)의 *jmdn./etw. aus dem*
Auge/aus den Augen verlieren '누구를/무엇을 시야에서 놓치다'는
누구를/무엇을 시야 밖으로 놓치는 것을 나타낸다. (55사)의 *jmdn./*
etw. nicht aus dem Auge/aus den Augen lassen '누구에게/무엇에
서 눈을 떼지 않고 예리하게 관찰하다'는 누구를/무엇을 시야 안에 놓
치지 않고 관찰하는 것을 나타낸다.

(55가) Ich kann dich nicht mehr sehen. *Geh mir* sofort *aus den*
Augen.
'네 꼴을 더 이상 보고 싶지 않으니, 당장 꺼져 버려.'
(55나) Seit ihrer Übersiedlung nach Genf haben wir uns nicht
mehr von ihr gehört. ≪*Aus den Augen, aus dem Sinn*≫,
hat die Omi gesagt.
'그녀가 제네바로 이사한 후 우리는 만나지 못했다. ≪안 보면
마음도 멀어진다≫라고 할머니께서 말씀하셨다.'
(55다) Die Besatzung des Jumbos *sah/blickte der Gefahr ruhig*
ins Auge.
'점보비행기의 승무원들은 위험을 바로 직시했다.'

(55라) Ihre roten Fingernägel *stachen mir ins Auge/in die Augen.*
'그녀의 빨간 손톱이 내 시선을 끌었다.'

(55마) Die Regierung muss *den Bürgern die Aufgaben des Sicherheitsministeriums* noch einmal *vor Augen führen/ halten/stellen.*
'정부는 시민들에게 안전부의 임무가 무엇인지를 다시 한 번 분명하게 해주어야 한다.'

(55바) Im dichten Feierabendverkehr habe ich *sie aus dem Auge/den Augen verloren.*
'교통체증이 심한 퇴근길에서 나는 그녀를 놓쳤다.'

(55사) Während er badete, *ließ* er *seine Sachen* am Ufer *nicht aus dem Auge.*
'해수욕할 때 그는 바닷가에 두었던 자기 물건들에서 눈을 떼지 않았다.'

독일인들도 (55가, 나, 다, 라, 마, 바, 사)의 관용어에서와 같이 용기 은유적 개념구조 [눈은 용기]에 의거하여 시각기관인 *Auge(n)*를(을) 하나의 용기로 표현한다.

이미 3.2.2.와 4.1.1.에서 언급하였듯이, 눈에 들어오는 여러 장면들을 통해 사람들은 이 장면에 실려 있는 여러 가지 사물이나 상황 등을 알게 되고, 이에 관해 관심을 갖게 되고, 그 뿐만 아니라 특정한 생각도 하게 되고, 특정한 감정도 느끼게 되는 등 다양한 내적 경험을 한다. 이러한 외부 세상과 내적 경험 간의 관계를 근간으로 4.1.1.에서 언급한 은유적 개념구조 [앎/이해는 보는 것], [관심은 보는 것], [생각은 보는 것], [판단은 보는 것], [감정은 보는 것]과 용기 은유적 개념구조 [눈은 용기]를 통해 눈/*Auge(n)*를(을) 앎이나 이해, 관심,

생각, 판단, 감정 등의 용기로 표현하는 한국인과 독일인들의 언어사
용을 설명해 보자. 먼저 *눈/Auge(n)*(으)로 관심의 용기를 표현하는
경우를 언급한다.

2) [앎/이해는 보는 것] + [눈은 용기]

임의의 사물을 직접 눈으로 보게 되면, 그에 대해 더 자세히 알게
되고 이해하게 되듯이, (56가)의 한국어 관용어 *눈에 들어오다* '이해
하게 되다'는 눈의 장면, 즉 용기 안에 들어오는 것들에 관해 이해가
잘 되는 것을 나타낸다. 반면 (56나)의 *눈에 안 들어오다* '이해되지 않
다'는 어떤 것이 눈의 용기 안에 들어오지 않아 이해가 잘 안 되는 것
을 나타낸다. 즉 (56가, 나)의 한국어 관용어들은 무엇이 눈에 들어오
면 알게 되거나 이해가 되는 것, 그리고 그렇지 않으면 모르거나 이해
가 되지 않는 것을 나타낸다. 그러므로 이 두 관용어에서 눈은 이해의
용기로 표출된다.

(56가) 잘 쓴 논문은 한 번 읽으면 바로 *눈에 들어온다.*
(56나) 선생님의 설명이 전혀 *눈에 안 들어온다.*

따라서 한국인들은 (56가, 나)의 한국어 관용어에서 언급하였듯이
은유적 개념구조 [앎/이해는 보는 것]과 [눈은 용기]에 의거하여 눈을
앎이나 이해의 용기로 표현한다.

3) [관심은 보는 것] + [눈은 용기]

(57)의 한국어 관용어 *눈에 없다* '관심 밖이다/관심이 없다'는 누군 가가/무엇이 눈, 즉 관심의 용기 밖에 있는 것을 나타낸다.

(57) 여자 친구가 생겨서 그런지, 부모의 존재는 아예 *눈에 없다.*

(57)의 한국어 관용어에서 보았듯이 한국인들은 은유적 개념구조 [관심은 보는 것]과 [눈은 용기]에 의거하여 눈을 관심의 용기로 표현 한다.

(58가)의 독일어 관용어 *etw. im Auge haben* '무엇에 관심을 두다' 는 무엇이 누구의 눈, 즉 관심의 용기 안에 있는 것을 나타낸다. (55 라)의 독일어 관용어 *jmdm ins Auge/in die Augen stechen*은 (58 나)에서는 '누구의 관심을 끌다'의 의미로 사용된다. 즉 (58나)에서 이 관용어는 무엇이 누군가의 눈, 즉 관심의 용기 안으로 꽂히는 것을 나 타낸다.

(58가) *Haben* Sie vielleicht *ein bestimmtes Modell im Auge*?
　　　 '혹시 관심에 둔 특정한 모델이 있으신지요?'
(58나) Ihre roten Fingernägel *stachen mir ins Auge/in die Augen*.
　　　 '그녀의 빨간 손톱이 나의 시선을 끌었다.'

독일인들도 (58가, 나)의 관용어에서 보았듯이 은유적 개념구조 [관심은 보는 것]과 [눈은 용기]에 의거하여 *Auge(n)*를(을) 관심의 용기로 표출한다.

4) [생각은 보는 것] + [눈은 용기]

사람들은 어떤 사물이나 현상을 보면 그에 관한 생각을 하게 된다. (59가)의 독일어 관용어 *etw. ins Auge fassen* '무엇을 깊이 생각하다'는 무엇을 눈, 즉 생각의 용기 안으로 붙잡아서 그것에 관해 깊이 헤아리고 생각하는 것을 나타낸다. (59나)의 *jmds. Augen/in den Augen von* '누구의 견해(見解)로는/누구의 생각으로는'은 누군가의 견해나 생각에 따라 무엇을 판단하는 것을 나타낸다. (59다)의 *jmdm. etw. an/von den Augen ablesen* '누구의 눈에서 무엇을 알아내다'는 누구의 눈, 즉 생각의 용기에서 그의 생각을 알아내는 것을 나타낸다.

> (59가) Wir müssen *die Verbesserungsvorschläge* noch einmal *ins Auge fassen*.
> '우리는 개정안을 다시 한 번 깊이 생각해야 한다.'
> (59나) *In meinen Augen* ist sie eine Heilige.
> '내 생각으로는 그녀는 성인이다.'
> (59다) Den Stolz über die neue Wohnung konnte man *dem Eigentümer von/an den Augen ablesen*.
> '새 아파트를 자랑하는 것을 사람들은 주인의 눈에서 알아 낼 수 있었다.'

(59가, 나, 다)의 관용어에서 언급하였듯이 독일인들은 *Augen*을 은유적 개념구조 [생각은 보는 것]과 [눈은 용기]에 의거하여 생각의 용기로 표출한다.

(60)의 한국어 관용어 *눈에 선하다* '잊혀 지지 않고 눈에 보이는 듯 기억에 생생하다'는 의식 속에 있는 누군가를 또는 무엇을 눈앞에 있

는 것처럼 생각해 내는 것을 나타낸다. 여기서도 *눈*은 생각의 용기로 표출된다.

(60) 돈 벌면서 공부하느라 고생하고 있는 아들의 얼굴이 *눈에 선하다.*

따라서 한국인들도 (60)의 한국어 관용어에서와 같이 눈을 은유적 개념구조 〔생각은 보는 것〕과 〔눈은 용기〕에 의거하여 생각의 용기로 표출한다.

5) 〔감정은 보는 것〕 + 〔눈은 용기〕

먼저 *눈/Augen*이 사람의 감정이 생기거나 자리 잡는 마음의 공간, 즉 용기로 표출되는 경우를 보자. 예를 들면 (61가)의 한국어 관용어 *눈에 들다* '마음에 들다'는 전혀 모자람이 없을 정도로 누군가가/무엇이 흡족해서 마음(눈)의 용기 안으로 들어오는 것을 나타낸다. (61나)의 *눈에 차다* '(무엇이 사람의) 마음에 흡족하다'도 무엇이 흡족하게 누구의 마음(눈)에 가득 차는 것을 나타낸다. (61다)의 *눈에 걸리다* '(무엇이) 보기에 좋지 않아 마음이 쓰이다'는 누군가가/무엇이 썩 마음(눈)에 들지 않아서 걱정되는 것을 나타낸다. (61라)의 *눈에 거칠다* '보기가 싫어 마음에 들지 아니하다'는 무엇이 또는 누군가가 그렇게 흡족하지 않아서 마음(눈)에 들지 않는 것을 나타낸다. (61마)의 *눈에 거슬리다* '마음에 들지 않아서 불쾌한 느낌이 들다'도 무엇이 또는 누군가가 불쾌할 정도로 마음(눈)에 들지 않는 것을 나타낸다.

(61가) 새로 들어온 신입사원이 내 *눈에 들었다*.
(61나) 이번 보고서는 사장님의 *눈에 찼다*.
(61다) 짧은 치마 입고 나가는 딸아이가 자꾸만 *눈에 걸린다*.
(61라) 그는 항상 *눈에 거친* 일만 한다.
(61마) 내 *눈에 거슬리는* 짓을 하면 용서하지 않을 것이다.

한국인들은 언급한 (61가, 나, 다, 라, 마)의 관용어에서와 같이 시각기관인 눈을 은유적 개념구조 [감정은 보는 것]과 [눈은 용기]에 의거하여 마음, 즉 감정이 생기는 용기로 표현한다.

(55라)에서 '누구의 시선을 끌다'의 의미로 사용된 *jmdm ins Auge/ in die Augen stechen*은 (62가)에서는 '누구의 마음에 들다'의 의미로 사용된다. 즉 이 관용어는 누군가가/무엇이 누군가의 마음(눈)의 용기 안으로 꽂히는 것을 나타낸다. (62나)의 *jmdm. etw. aufs Auge drücken* '무엇을 누군가에게 책임지게 해서 그의 마음을 무겁게 짓누르다'는 무엇을 누군가에게 책임지게 해서 그의 마음(눈)을 짓누르는 것을 나타낸다.

(62가) Die graue Hose *stach mir* schon *lange ins Auge*.
'회색 바지가 이미 내 마음에 들었어.'
(62나) Das Projekt hat *mir* der Chef eine Woche vor meinem Urlaub *aufs Auge gedrückt*.
'휴가 일주일 전에 팀장이 프로젝트를 맡겨서 내 마음을 무겁게 했다.'

독일인들도 (62가, 나)의 관용어에서 보았듯이 *Auge(n)*를(을) 은유적 개념구조 [감정은 보는 것]과 [눈은 용기]에 의거하여 특정한 감정이 생기는 마음의 용기로 표현한다.

화의 감정을 나타내는 (63가)의 한국어 관용어 *눈에 모를 세우다* '성난 눈매로 노려보다'는 감정의 용기인 눈에 날카로운 연장의 날을 세우듯 몹시 화가 나서 누군가를 노려보는 것을 나타낸다. (63나)의 *눈에 칼을 세우다* '표독스럽게 눈을 번쩍이고 노려보다'도 감정용기인 눈에 칼을 세우듯 누군가를 사납고 독살스럽게 노려보는 것을 나타낸다. (63다)의 *눈에 불/천불이 나다* '열기가 날 정도로 몹시 화가 나다'도 감정용기인 눈에 뜨거운 불길이 일어나듯이 또는 눈의 여러 곳에서 한꺼번에 큰 불길이 일어나듯이 몹시 화가 나는 것을 나타낸다. (63라)의 *눈에 쌍심지를 켜다/돋우다/세우다/올리다* '몹시 화가 나서 눈에 불이 일 듯 눈을 부릅뜨다'는 감정용기인 눈에 불이 일듯이 누군가가 몹시 화를 내는 것을 나타낸다. (63마)의 *눈 밖에 나다/눈에 나다* '신임을 잃고 미움을 받게 되다'는 사랑의 용기인 눈 밖에 나서 미움을 받는 것을 나타낸다.

> (63가) 자식이 부모 무서운 줄 모르고 *눈에 모를/칼을* 세우다니.
> (63나) 미망인은 *눈에 칼을 세우고* 그를 노려보았다.
> (63다) 빚쟁이들이 내 집을 털러 들어오는 것을 보니, *눈에서 불/천불이 났다.*
> (63라) 그는 *눈에 쌍심지를 켜면서/돋우면서/세우면서/올리면서* 나에게 대들었다.
> (63마) 그는 너무 튀는 행동을 해서 사람들 *눈 밖에/눈에 났다.*

한국어 관용어 (63가, 나, 다, 라, 마)에서 보았듯이 한국인들은 은유적 개념구조 〔감정은 보는 것〕과 〔눈은 용기〕에 의거하여 시각기관을 명명하는 눈을 화, 슬픔, 억울함 내지 질투, 미움 등의 감정의 용기로 표현한다.

(64)의 독일어 관용어 *jmdm. zu tief ins Auge/in die Augen sehen* '누구와 사랑에 빠지다'는 누군가의 마음, 즉 사랑의 용기 안으로 깊게 빠져 들어가는 것을 나타낸다.

> (64) Du hast wohl *der neuen Laborantin zu tief ins Auge/in die Augen* gesehen?
> '너 새로 온 실험실 연구원과 사랑에 빠졌구나?'

(64)의 독일어 관용어에서와 같이 독일인들도 *Auge(n)*를(을) 은유적 개념구조 [감정은 보는 것]과 [눈은 용기]에 의거하여 사랑의 감정이 생기는 용기로 표출한다.

눈을 뜨고 있을 때, 눈의 시야에는 늘 다양한 장면들이 들어온다. 이를 반영하여 한국인과 독일인들은 눈/*Auge(n)*를(을) 용기 은유적 개념구조 [눈은 용기]에 의거하여 공간 같은 용기로 표출한다. 아울러 사람들은 눈에 들어오는 외부세상의 다양한 장면들을 통해 새로운 사실을 알게 되고, 알았던 사실들을 더 정확하고 더 자세하게 이해하게 되고, 그에 관해 관심과 감정과 생각을 갖게 되는 등 다양한 내적 경험을 한다. 외부세상과 내적 경험 간의 관계에 입각하여 한국인과 독일인들은 두 개의 은유적 개념구조 [앎/이해는 보는 것] + [눈은 용기], [관심은 보는 것] + [눈은 용기], [생각은 보는 것] + [눈은 용기], [감정은 보는 것] + [눈은 용기] 등에 의거하여 눈/*Auge(n)*(으)

로 앎/이해, 관심, 생각, 그리고 감정의 용기를 표현한다.

4.2.2. 손

한국인과 독일인들은 *손/Hand*로 물건 같은 것을 갖고 있거나 담아 두거나 보관하거나 잡아 두는 용기로 표현한다. 먼저 이러한 언어사용을 용기 은유적 개념구조 [손은 용기]로 설명한다.

1) [손은 용기]

(65가)의 한국어 관용어 *손에 떨어지다/들어오다/넣다/쥐다* '무엇이 누구의 소유가 되다'는 무엇이 누구 손에 떨어져 그것을 소유하게 되는 것을 나타낸다. (65나)의 *손에/손으로 넘어가다* '누구의 소유로 넘어가다'도 무엇이 누구의 손으로 넘어와서 그것을 소유하게 되는 것을 나타낸다. (65다)의 *손아귀에 쥐어 잡다* '자기 마음대로 할 수 있도록 하다'는 누구를/무엇을 꼼짝 못하게 손으로 쥐어 잡은 상태에서 하고 싶은 데로 하는 것을 나타낸다. (65라)의 *손끝에 잡히다* '거의 다 이루다'는 손끝이 주는 뉘앙스에 의거하여 무엇이 누군가의 노력에 의거하여 거의 손에 잡히게 되는 것을 나타낸다.

> (65가) 갑자기 너무 많은 돈이 *손에 들어오니/떨어지니/넣으니/쥐니* 당황스럽기 그지없네.
> (65나) 전 재산이 하루아침에 빚쟁이들의 *손에/손으로 넘어 갔다.*
> (65다) 왕의 외척들이 왕실을 *손아귀에 쥐어 잡고* 있다.
> (65라) 우리가 조금만 더 노력하면 통일은 *손끝에 잡힐 것이다.*

(65가, 나, 다, 라)의 관용어에서 언급하였듯이 한국인들은 용기 은유적 개념구조〔손은 용기〕에 의거하여 손을 무엇을 소유하거나 갖고 있는 용기로 표현한다.

(66가)의 독일어 관용어 *etw. in der Hand haben* '증거가 될 만한 무언가를 가지고 있다'는 손에 중요한 증거가 될 만한 어떤 것을 갖고 있는 것을 나타낸다. (66나)의 *etw. bei der Hand haben* '무엇을 가지고 있다'는 손에 상대방이 요구하는 무엇을 갖고 있는 것을 나타낸다. (66다)의 *zur Hand sein* '무엇을 가지고 있다'는 필요한 것이 손 안에 들어 있는 것을 나타낸다. 손에 무언가를 갖고 있으면 그의 정체는 확실히 파악된다. 이를 반영하듯 (66라)의 *etw. gegen jmdn. in der Hand/in (den) Händen haben* '누구에게 불리한 어떤 것을 알고 있다'는 손에 누구에게 불리한 어떤 것을 갖고 있는 것을 나타낸다. (66마)의 *mit vollen Händen* '낭비할 정도로 많이'는 손에 임의의 어떤 물건이 낭비할 정도로 아주 많이 있는 것을 나타낸다. (66바)의 *jmdn. an der Hand haben* '(도움을 청할) 누군가를 알고 있다'는 도움을 청할 누군가가 손 안에 들어 있어서, 그가 어떤 사람인가를 제대로 파악하고 있는 것을 나타낸다. 손에 들어 있는 물체의 정체가 무엇인지 정확하게 파악되듯이, (66사)의 *(klar) auf der Hand liegen* '명백하다'/'불을 보듯 뻔하다'는 손에 있는 물체의 정체가 명백하게 드러나는 것을 나타낸다.

(66가) Wenn Sie *das eingenständige Testament des Verstorbenen in der Hand hätten*, dann wäre die Erbteilung viel einfacher.

'사망자의 유언장을 갖고 있다면, 재산분배는 훨씬 간단할 것입
니다.'

(66나) *Haben* Sie *die Unterlagen bei der Hand?*
'서류들을 가지고 계십니까?'

(66다) Diese Maschine kann nicht mehr benutzt werden, weil
keine Ersatzteile *zur Hand sind.*
'이 기계는 부품들이 없어서 더 이상 사용할 수 없다.'

(66라) Die Staatsanwaltschaft *hat neues Beweismaterial gegen*
die Angeklagten in der Hand.
'검찰은 피고인에게 불리한 새로운 증거물을 알고 있다.'

(66마) Sie verteilten *mit vollen Händen Informationsbroschüren.*
'그들은 낭비라고 할 정도로 아주 많이 안내책자들을 나누어 주
었다.'

(66바) Es ist gut, wenn man in so einer Situation *einen*
Automechanker an der Hand hat.
'그런 상황에서 자동차 기술자를 알고 있다는 것은 좋은 일이다.'

(66사) Die Reaktion der Bürger *liegt klar auf der Hand.*
'시민들의 반응은 명백하다.'

독일인들도 (66가, 나, 다, 라, 마, 바, 사)의 독일어 관용어에서 보
았듯이 *Hand*를 용기 은유적 개념구조 〔손은 용기〕에 의거하여 임의
의 사물을 소유하거나 그 사물들이 들어 있는 용기로 표현한다.

(67가)의 독일어 관용어 *jmdn./etw. in die Hand/in die Hände*
bekommen/kriegen '(우연히) 누구를/무엇을 손에 넣다'는 무엇을 손
안으로 넣어서 완전히 자기의 소유로 만드는 것을 나타낸다. (67나)의
in jmds. Hand/Hände übergehen '누군가의 손으로 넘어가다'는 무
엇이 누구의 손에 넘어가서 그가 그것을 소유하게 되는 것을 나타낸

다. (67다)의 *jmdm. in die Hand/in die Hände kommen/ fallen* '(우연히) 발견된 물건이 누군가의 손에 들어가다'도 우연히 발견된 물건을 누군가가 소유하게 되는 것을 나타낸다. (67라)의 *etw. in Händen halten* '무엇을 소유하다'는 무엇을 소유하려고 그것을 손 안에 꽉 쥐고 있는 것을 나타낸다. (67마)의 *eine hohle Hand machen* '뇌물을 받다'는 텅 비어있는 손을 뇌물로 채워서, 손에 뇌물이 들어 있는 것을 나타낸다. (67바)의 *jmdm. unter den Händen zerrinnen/ zerfließen* '돈이나 재산 따위가 누구의 수중에서 사라지다'는 누구의 손에 있었던 돈이나 재산이 없어지는 것을 나타낸다. (67사)의 *etw. aus der Hand geben* '(잠시 동안) 무엇을 넘겨주다'는 손 안에 있었던 임의의 어떤 것을 누군가에게 넘겨주는 것을 나타낸다.

(67가) Hans hat *die Erbe seines Bruders in die Hand/in die Hände bekommen/gekriegt*.
'한스는 자기 동생의 상속재산을 손에 넣어 버렸다.'

(67나) Die Firma, die vor einem Jahr gegründet wurde, ist *in seine Hand übergegangen*.
'일 년 전에 설립된 그 회사가 그의 손으로 넘어갔다.'

(67다) Durch Zufall *kam/fiel* der Brief *ihrem Mann in die Hand*.
'우연히 그 편지가 그녀의 남편에 의해 발견되었다.'

(67라) Mein Bruder *hält die Aktien seiner Firma in Händen*.
'내 동생은 자기 회사의 주식을 소유하고 있다.'

(67마) Auch unter den Zollbeamten gab es einige, die *eine hohle Hand machten*.
'세관공무원 중에서 뇌물을 받은 공무원들이 일부 있었다.'

(67바) Das Vermögen *zerrinnt/zerfließt ihm unter den Händen.*
'재산이 그의 수중에서 사라지고 있다.'

(67사) Er wollte *das wertvolle Buch* nicht *aus der hand geben.*
'그는 아주 귀한 책을 넘겨주려고 하지 않았다.'

독일인들도 (67가, 나, 다, 라, 마, 바, 사)의 독일어 관용어에서와 같이 *손/Hand/Hände*를 용기 은유적 개념구조 〔손은 용기〕에 의거하여 무엇을 소유하게 되는, 또는 무엇을 소유하고 있었던 용기로 표출한다.

한국인과 독일인들은 환유와 은유를 혼용하여 언어를 표현하기도 한다. 3.5.2.의 (83)의 ICM에서 언급하였듯이, 사람들은 부분개념인 도구와 부분개념인 행위 간의 환유관계를 통해 특정한 행위에 참여한 도구로 바로 그 행위를 표현한다. 한국인과 독일인들은 이러한 환유적 표현방법과 다양한 행동수행의 용기로 표현하는 은유적 표현방법을 통해 *손/Hand*를 다양한 행위가 수행되는 용기로 표출한다. 이러한 언어사용은 3.5.2.에서 언급한 일부 환유적 개념구조와 은유적 개념구조 〔손은 용기〕로 설명된다. 먼저 *손/Hand/Hände*로 권한행사의 용기를 표출하는 경우를 보자.

2) 〔손으로 권한행사를 대신함〕 + 〔손은 용기〕

(68가)의 한국어 관용어 *손에 들어가다* '어떤 세력 안으로 들어가다'는 무엇이 누군가의 권한이나 권력을 행사하는 영역, 즉 손 안으로 들어가는 것을 나타낸다. (68나)의 *손에 걸리다* '잡혀 들다'도 무엇이 누군가가 권한을 행사하는 영역, 즉 손 안으로 잡혀들어 가는 것을 나타

낸다. (68다)의 *손 안에 (놓여) 있다* '영향권에 있다'는 무엇이 누군가가 권한을 행사하는 영역, 즉 손 안에 있는 것을 나타낸다.

> (68가) 이 지역 개발권은 이미 중앙정부의 *손에 들어갔다.*
> (68나) 너 내 *손에 걸리기*만 해 봐. 가만두지 않을 거야.
> (68다) 물가 상승률은 청와대의 *손 안에 (놓여) 있다.*

한국인들은 (68가, 나, 다)의 한국어 관용어에서와 같이 손을 3.5.2.의 5)에서 언급한 환유적 개념구조 〔손으로 권한행사를 대신함〕과 용기 은유적 개념구조 〔손은 용기〕에 의거하여 어떤 사람이나 기관이 갖고 있는 다양한 권한을 행사하는 영역, 즉 용기로 표현한다.

(69가)의 *etw. in die Hand/in seine Hände nehmen* '무엇에 관해 책임을 지다'는 임의의 물건에 관한 책임권을 자기 손 안으로 가져가는 것을 나타낸다. (69나)의 *jmdm etw. zu treuen Händen übergeben* '누구를 믿고서 무엇을 넘겨주다'도 형용사 *treu*의 뉘앙스에 따라 무언가에 관한 책임권을 신임하는 누군가의 손에 넘겨주는 것을 나타낸다. (69다)의 *in gute Hände kommen* '믿을만한 사람의 손에 맡겨지다'는 형용사 *gut*의 뉘앙스에 따라 인간성이 좋은 믿을만한 사람의 손에 무엇에 관한 책임권을 맡기는 것을 나타낸다. (69라)의 *jm. etw. in die Hand geben* '누구에게 무엇을 맡기다/위임하다'도 누군가의 손에 무엇에 관한 관리권이나 책임을 맡기거나 위임하는 것을 나타낸다. (69마)의 *etw. in js. Hand/Hände legen* '무엇을 누구에게 위탁하다'도 무엇에 관한 책임권을 누군가의 손에 맡기는 것을 나타낸다. 누군가를 위협할 만한 어떤 사실을 손에 쥐고 있음을 나타

내는 (69바)의 *in jmds Hand/Hände liegen/stehen* '누구의 책임 하에 있다'는 무엇에 관한 책임권한이 누구의 손 안에 있는 것을 나타낸다. (68사)의 *in jmds. Hand/Händen sein* '누구의 지배하에 있다'도 무엇을 직접 지배할 수 있는 권한이 누구의 손에 있는 것을 나타낸다. (69아)의 *etw. zu treuen Händen haben* '무엇을 잘 보관하고 있다'는 형용사 *treu*에서 느껴지듯이 무엇에 관한 보관 내지 관리권이 믿을 만한 사람의 손에 있는 것을 나타낸다. (69자)의 *in sicheren/guten Händen sein/liegen* '안전하게 보관되어 있다'는 형용사 *sicher*와 *gut*이 주는 느낌에 힘입어 무엇이 누구의 손에서 안전하게 잘 관리되고 있는 것을 나타낸다. 다시 말하면 무엇에 관한 관리권이 누구의 손 안에 안전하게 있는 것을 나타낸다. (69차)의 *sich*(Akk) *in der Hand haben* '자제하다'는 욕심이나 감정 등을 억제하기 위해 스스로를 통제하는 권한이 자기 손 안에 있는 것을 나타낸다. (69카)의 *jmdn./etw. in der Hand haben* '누구를/무엇을 마음대로 조종하다'는 누군가/무언가를 마음대로 조종할 수 있는 권한이 손 안에 있는 것을 나타낸다. (69타)의 *jmdm. etw. aus der Hand nehmen* '누구에게서 무엇을 박탈하다/빼앗다'는 손 안에 있었던 무엇에 관한 권한을 박탈하는 것을 나타낸다.

(69가) Mein Vater hat *die Stadtplannung in die Hand/Hände genommen*.
'우리 아버지는 도시계획에 관해 책임을 졌다.'
(69나) Sie hatte *ihm das Geld zu treuen Händen übergeben*.
'그녀는 그를 믿고서 돈을 넘겨주었다.'

(69다) Der Besitzer wollte, dass sein Hund *in gute Hände kommt.*
'주인은 자기 개가 믿을만한 사람의 손에 맡겨지기를 원했다.'

(69라) Das Komitee hat *dem früheren Europameister die Betreuung der Boxer in die Hand gegeben.*
'위원회가 권투선수들의 관리를 지난 번 유럽선수권 챔피언에 게 맡겼다.'

(69마) Man hat *die Durchführung des Projekts in seine Hände gelegt.*
'사람들은 프로젝트 수행 책임을 그에게 위탁했다.'

(69바) Das Resultat des Projekts *liegt/steht in deiner Hand.*
'이 프로젝트의 결과는 당신의 책임 하에 있다/당신의 손에 달 려 있다.'

(69사) Das Siedlungsgebiet *ist* bereits *in der Hand der Aufständischen.*
'그 마을은 이미 반란군의 지배하에 있다.'

(69아) Wir *haben sein Geld zu treuen Händen.*
'우리는 그의 돈을 잘 보관하고 있다'

(69자) Ihre Personalien *sind/liegen in sichereren/guten Händen.*
'그들의 인적 사항들은 잘 보관되어 있다.'

(69차) Er *hatte sich* nicht mehr *in der Hand* und schlug eine Fensterscheibe ein.
'그는 자제하지 못해서 창문을 때려 부수었다.'

(69카) Mein Vater *hat das Wahlergebnis in der Hand.*
'아버지는 선거결과를 마음대로 조종할 수 있다.'

(69타) Die Versammlung beschloß, *dem Trainer die Betreuung der Jugendmannschaft aus der Hand zu nehmen.*
'회의에서 코치의 청소년팀 지도권 박탈을 결정했다.'

독일인들도 (69가, 나, 다, 라, 마, 바, 사, 아, 자, 차, 카, 타)의 독일어 관용어에서와 같이 *Hand/Hände*를 3.5.2.의 5)에서 언급한 환유적 개념구조 〔손으로 권한행사를 대신함]과 용기 은유적 개념구조 〔손은 용기〕에 의거하여 무엇에 관한 책임, 지배권, 관리권, 조정권, 지도권 등의 권한을 행사하는 영역, 즉 용기로 표현한다.

3) [손으로 관계행위를 대신함] + [손은 용기]

(70)의 *in festen Händen sein* '누구와 결혼할 사이다'는 형용사 *fest*의 뉘앙스에 힘입어 결혼할 정도로 확고한 누구와의 관계가 손 안에 들어 있음을 나타낸다. (71)의 한국어 문장에서 *손 안에서 이루어지다*는 사람들과의 관계가 이루어지는 영역을 *손 안*으로 비유한다.

> (70) Inzwischen *ist* er wieder *in festen Händen.*
>   '그러는 사이에 그는 다시 누군가와 안정된 관계를 갖게 되었다.'
> (71) 모든 관계의 시작은 내 *손 안에서 이루어진다.*

언급했듯이 독일인과 한국인들은 *Hände/손*을 3.5.2.의 27)에서 언급한 환유적 개념구조 〔손으로 관계행위를 대신함]과 용기 은유적 개념구조 〔손은 용기〕에 의거하여 누군가와 관계 맺는 행위가 수행되는 용기로 표출한다.

4) [손으로 보호행위를 대신함] +[손은 용기]

한국인과 독일인들은 *손/Hand*로 누군가에 대한 보호행위가 행해지는 영역, 즉 용기를 표현하기도 한다. 예를 들면 (72)의 한국어 관용어 *손아귀에서 벗어나다* '보호에서 벗어나다'는 누군가의 보호영역 밖으로 빠져 나오는 것을 나타낸다. (73)의 독일어 관용어 *jmdn. auf Händen tragen* '누구를 애지중지하다'는 누군가를 안아주면서 애지중지하는 것을 나타낸다.

(72) 자식들은 때가 되면 부모의 *손에서/손아귀에서 벗어난다.*
(73) Mein Vater *trägt sein Enkelkind auf Händen.*
　　 '우리 아버지는 손자를 애지중지 하신다.'

(72)의 한국어 관용어와 (73)의 독일어 관용어에서 보았듯이 한국인과 독일인들은 *손/손아귀/Hand/Hände*를 3.5.2.의 28)에서 언급한 환유적 개념구조 〔손으로 보호행위를 대신함〕과 용기 은유적 개념구조 〔손은 용기〕에 의거하여 누군가를 보호하는 행위가 이루어지는 영역, 즉 용기로 표현한다.

한국인과 독일인들은 용기 은유적 개념구조 〔손은 용기〕에 의거하여 물건을 소유하고 보관하는 용기를 *손/손아귀/Hand/Hände*로 표현한다. 한국인과 독일인들은 환유와 은유를 혼용하여, 행위에 참여하는 도구로 바로 그 행위를 나타내는 환유적 표현방법과 바로 그 도구를 용기로 나타내는 은유적 표현방법을 통해 *손/Hand/Hände*로 행위를 수행하는 용기를 표현한다. 즉 한국인과 독일인들은 〔손으로 권한행사를 대신함〕 + 〔손은 용기〕, 〔손으로 보호행위를 대신함〕 + 〔손은 용기〕, 〔손으로 관계행위를 대신함〕 + 〔손은 용기〕에 의거하여 *손/손아귀/Hand/Hände*로 권한을 행사하거나, 누구를 보호하거나, 누구와 관계를 맺는 행위 등이 수행되는 영역, 즉 용기를 표현한다.

제5장 마무리

 인간의 언어사용의 보편성에 관한 문제는 필자가 독어학 연구를 시작한 시점부터 늘 마음속에 품어 왔던 학문적 과제였다. 그러나 구사하는 언어가 아주 제한되어 있기에, 필자는 감히 이 과제에 도전할 용기를 내지 못했다. 그러나 인지의미론의 틀 내에서 연구를 시작하면서 한 편의 논문을 발표하게 되었고, 이를 통해 결코 우연적이지 않은 언어현상들을 발견하게 되었다. 바로 한국인과 독일인들의 인지 의미론적 언어사용에서 찾아내게 된 동일한 환유적 개념구조와 은유적 개념구조들이다. 이러한 개념구조들을 찾아낼 때마다, 필자는 한국인과 독일인들이 분명히 어떤 보편적인 인지적 동기에 의거하여 사고를 하고, 바로 이 사고를 언어로 표출한다고 생각했다. 다시 말하면 한국인과 독일인들은 서로 상이한 문화권에서 삶을 영위하고 있지만, 유사한 세상경험을 하고, 이를 통해 유사한 인지적 사고를 한다는 것이다. 그리고 이 사고의 기반위에서 형성되는 동일한 개념구조들로 언어를 표현한다는 것이다. 이러한 필자의 생각은, 완전히 상이한 유형의 언어들에서 동일하게 사용되는 개념적 은유들이 발견될 경우, 이를 통해 개념적 은유의 보편성을 가정해 볼 수 있다는 Kövecses(2003)의 견해와 잘 맞아 떨어졌다고 본다.

이제 얼마 남지 않은 연구기간을 두고 필자는 이 책에서 인간의 언어사용의 보편성을 인지 의미론적 언어사용의 보편성으로 한정하고, 그에 대한 답을 경험론적인 측면에서 제시해 보았다. 물론 두 언어만을 취급하였다는 점, 그리고 제한된 자료만을 다루었다는 점 등에서 미흡한 점이 많음을 잘 안다. 그렇기에 이 책은 보편성이 아닌 준(準)보편성67)의 측면에서 인간의 인지 의미론적 언어사용을 설명하였다고 보는 것이 타당할지 모르겠다.

필자는 2011년에 발표한 책 〈언어사용에서의 은유와 환유〉에서도 은유와 환유의 개념이 한국인과 독일인들의 언어사용에 어떻게 표출되는가를 다루는 과정에서, 한국인과 독일인들이 동일한 개념구조들을 사용한다는 것을 언급하였다. 이러한 자그마한 결과물들이 인간의 언어사용의 보편성을 규명하는 작업에 희미하나마 하나의 가능성을 준다면, 나름대로 이 책의 의의가 있을 것이다.

---

67) 이 용어는 Kövecses(2003 : 297)도 사용한다.

참고문헌

김수남(2001) "독일어와 한국어의 신체부위 「손」 관련 관용구 비교 연구." 「독어교육」 제22집. 143-174.

김종도(2005) 『인지문법적 관점에서 본 환유의 세계』. 서울 : 경진문화사.

김향숙(2003) 『한국어 감정표현 관용어 연구』. 서울 : 한국문화사.

박갑수(1999) "〈손〉 관계 관용구의 발상과 표현 − 韓・英・日語의 비교." 「이중언어학」 제16호. 35-52.

박영준/최경봉(2005) 『관용어 사전』. 서울 : 태학사.

오예옥(2004) 『형식의미론과 인지의미론에서 본 어휘의미론』. 서울 : 역락.

오예옥(2008) "독일어 축소조어의 인지론적 생성 네트워크." 「독일언어문학」 40집. 1-20.

오예옥(2010) "한국어와 독일어 슬픔관용어의 은유・환유 표현." 「독일언어문학」 50집. 49-70.

오예옥(2011a) 『언어사용에서의 은유와 환유』. 서울 : 역락.

오예옥(2011b) "독일어 '손관용어'에 나타나는 신체명 Hand의 은유적 그리고 환유적 의미." 『독일언어문학』 제52집. 45-65.

오예옥(2013a) "한국어와 독일어 눈관용어에서 눈/Augen의 인지적 의미." 『독일문학』 125권. 109-130.

오예옥(2013b) 한국어와 독일어에서 빨간색의 은유와 환유의미. 『독어학』 27권. 95-115.

오예옥(2014) "한국어와 독일어 피/Blut의 환유 및 은유의미." 『독일문학』 제130집 (55권 2호). 149-170.

오예옥(2015) 한국인과 독일인이 사용하는 얼굴/Gesicht의 인지의미. 『독일언어문학』 제67집. 1-21.

이종열(2004) 『비유와 인지』. 서울 : 한국문화사.

조영수(2003) "한국어, 독일어, 영어에 나타난 색깔의 상징의미(II) − 빨강, 노랑, 초록−." 『독어학』 제8집. 143-173.

Barcelona, A.(2003) "The Case for a Metonymic Basis of Pragmatic Inferencing :

Evidence from Jokes and Funny Anecdotes," in Klaus-Uwe Panther/L.L. Thornburg (eds.) *Metonymy in Pragmatic Inferencing.* Amsterdam/Philadelphia : John Benjamins Publishing Company.

Duden(2008) *Redewendungen 11.* Mannheim : Dudenverlag.

Duden(1992) *Redewendungen und sprichwörterliche Redensarten : idiomatische Wörterbuch der deutschen Sprache.* Mannheim : Meyers Lexikonverlag.

Gibbs, R.W.Jr.(1992) "What Do Idioms Really Mean?." *Journal of Memory and Language* 31, 485-506.

Fetterman, K./M.D. Robinson/B. P. Meier(2012) "Anger as "seeing red" : Evidence for a perceptual association." *Cognition & Emotion* 26-5, 1445- 1458.

Kövecses, Z.(2000) 『은유와 감정 : 언어, 문화, 몸의 통섭』. 김동환/최영호 옮김. 서울 : 동문선.

Kövecses, Z.(2002) *Metaphor : A Practical Introduction.* New York and Oxford : Oxford University Press.

Kövecses Z.(2003) 『은유 : 실용입문서』. 이정화/우수정/손수진/이진희 공역. 서울 : 한국문화사.

Kövecses Z.(2009a) 『은유와 감정 : 언어, 문화, 몸의 통섭』. 김동환/최영호 옮김. 서울 : 동문선.

Kövecses Z.(2009b) 『은유와 문화의 만남』. 김동환 옮김. 서울 : 연세대학교 출판부.

Lakoff, G.(1987) *Women, Fire, and Dangerous Things.* Chicago : University of Chicago Press.

Lakoff, G.(1995) 『인지의미론』. 이기우 옮김. 서울 : 한국문화사.

Lakoff, G./M. Johnson(1980) *Metaphors We Live by.* Chicago : The University of Chicago Press.

Lakoff, G./M. Johnson(1998) *Leben in Metaphern,* übersetzt von A. Hildenbrand. Heidelberg : Carl-Auer-Systeme.

Lakoff, G./M. Johnson(1999) *Philosophy in the Flesh.* New York : Basic Books.

Lakoff, G./M. Johnson(2002) 『몸의 철학』. 임지룡/윤희수/노양진/나익주 옮김. 서울 : 도서출판 박이정.

Linke, A./M. Nussbaumer/P. R. Portmann(1991) *Studienbuch Linguistik.* Tübingen : Max Niemeyer Verlag.

Pastoureau, M.(2003) 『미셸 파스투르의 색의 비밀』. 전창림 옮김. 서울 : 미술문화.

Sjöström, S.(1999) "From Vision to Cognition : A Study of Metaphor and

Polysemy in Swedish." In *Cognitive Semantics : Meaning and Cognition*, edited by Allwood, J./P. Gärdenfors. Amsterdam, Philadelphia : J. Benjamin Pub.

Staffeldt, S./A. Ziem(2008) "Körpersprache : Zur Motiviertheit von Körperteil-bezeichnungen in Phraseologismen." *Sprachwissenschaft* 33/4, 455-499.

Wierzbicka, A.(1999) *Emotions across Languages and Cultures : Diversity and Universals*. Cambridge : Cambridge University Press.

찾아보기

저자 **오예옥**

이화여자대학교 독어독문학과(B.A.)
이화여자대학교 대학원(M.A.)
독일 Konstanz대학교 철학박사(Ph. D.)
현 충남대학교 독어독문학과 교수

주요 논저
『Wortsyntax und Semantik der Nominalisierungen im Gegrnwartsdeutsch』, 『어휘통사론』, 『형식의미론과 인지의미론에서 본 어휘의미론』, 『언어사용에서의 은유와 환유』, 『현대독일어 조어론』(역서), 『독일어 조어론의 새로운 이해』(역서), 『독일어 통사론』(역서) 「Erzeugungen und semantische Interpretationen der Nominalisierungen im Gegenwartsdeutsch」, 「Untersuchungen der polysemen Ableitungen in der kognitiven Semantik」, 「환유현상으로서의 독일어 -er-명사의 다의어 현상」, 「생산적 조어유형으로서의 구합성어」, 「한국인과 독일인이 사용하는 얼굴/Gesict의 인지의미」 등 다수

인지 의미론적 언어사용의 보편성

초판1쇄 인쇄 2015년 12월 18일
초판1쇄 발행 2015년 12월 28일

지은이 오예옥
펴낸이 이대현
편 집 이소희
디자인 이홍주
펴낸곳 도서출판 역락
　　　　 서울 서초구 동광로 46길 6-6 문창빌딩 2층
　　　　 전화 02-3409-2058(영업부), 2060(편집부)
　　　　 팩시밀리 02-3409-2059
　　　　 이메일 youkrack@hanmail.net
　　　　 등록 1999년 4월 19일 제303-2002-000014호
　　　　 역락 블로그 http://blog.naver.com/youkrack3888

ISBN 979-11-5686-269-7 93700
정 가 20,000원

* 파본은 구입처에서 교환해 드립니다.

이 도서의 국립중앙도서관 출판시도서목록(CIP)은 서지정보유통지원시스템 홈페이지(http://seoji.nl.go.kr)와 국가자료공동목록시스템(http://www.nl.go.kr/kolisnet)에서 이용하실 수 있습니다.(CIP제어번호 : CIP2015032498)